MBA 一日读 2.0

Steven Stralser
[美] 史蒂文·斯特尔泽 ◎ 著

王晔 ◎ 译

MBA
IN A DAY 2.O
WHAT YOU WOULD LEARN
AT TOP-TIER BUSINESS SCHOOLS
(IF YOU ONLY HAD THE TIME！)

中信出版集团 | 北京

图书在版编目（CIP）数据

MBA 一日读 2.0 /（美）史蒂文·斯特尔泽著；王晔译. -- 2 版. -- 北京：中信出版社，2025. 6. -- ISBN 978-7-5217-7744-4

Ⅰ. F203.9

中国国家版本馆 CIP 数据核字第 2025F55E15 号

MBA IN A DAY 2.0: WHAT YOU WOULD LEARN AT TOP-TIER BUSINESS SCHOOLS
（IF YOU ONLY HAD THE TIME!）By STEVEN STRALSER PH.D.
Copyright: © 2016 STEVEN STRALSER PH.D. This edition arranged with KLEINWORKS AGENCY Through BIG APPLE AGENCY, INC., LABUAN, MALAYSIA.
Simplified Chinese edition copyright © 2025 CITIC Press Corporation
All rights reserved.
本书仅限中国大陆地区发行销售

MBA 一日读 2.0

著者：　［美］史蒂文·斯特尔泽
译者：　王　晔
出版发行：中信出版集团股份有限公司
　　　　　（北京市朝阳区东三环北路 27 号嘉铭中心　邮编　100020）
承印者：　北京通州皇家印刷厂

开本：787mm×1092mm　1/16　　印张：17.25　　字数：340 千字
版次：2025 年 6 月第 2 版　　　　印次：2025 年 6 月第 1 次印刷
京权图字：01-2017-6692　　　　　书号：ISBN 978-7-5217-7744-4
　　　　　　　　　　　　　　　　定价：69.00 元

版权所有·侵权必究
如有印刷、装订问题，本公司负责调换。
服务热线：400-600-8099
投稿邮箱：author@citicpub.com

谨以此书献给我的父亲哈罗德，一位在很多方面都是我的偶像的男人。

目 录

推荐语 VII
再版说明 XI
前　言 XIII
致　谢 XIX

第一部分　人：管理和政策

第一章　人力资源

人力资源规划和战略的制订　005
人力资源规划的实施　008
360度评估　014
绩效管理系统　017
作为竞争优势决定因素的人力资源管理　017
小　结　018

第二章 组织行为

管　理　021
麦格雷戈的X理论和Y理论　025
动机理论的总结　027
动机：从理论到实践　028
机械式组织结构和有机式组织结构　033
组织行为和设计的当代趋势　038
小　结　038

第三章 领导力和团队建设

领导与管理　042
成功的公司文化的特征　053
领导趋势　055
团队种类　058
团队发展阶段　059
小　结　061

第四章 道德标准

道德标准：定义　065
道德规范形成书面标准的重要性　067
最佳做法　070
企业社会责任和公民意识　072
企业公民意识较强的好处　074
小　结　075

第五章 谈　判

关于谈判的错误认识　079
谈判风格　081
谈判前的工作　082
列出有创意的方案清单，满足双方的利益　089
确定己方和对方的最佳替代方案　090
肮脏的谈判技巧　095
小　结　097
附录　谈判中的"要"与"不要"清单　098

第二部分　货币：经济学、财务和会计学

第六章 会计学基础

现金会计制度与应收应付制会计制度　106
资产＝负债＋所有者权益（资本）　108
资产和负债　108
会计系统的组成部分　111
组建会计和财务部门　114
小　结　120

第七章 财务管理

固定成本、可变成本和机会成本　123

第八章 经济学：地方、全国和全球

微观经济学和宏观经济学　131
竞争的分类　133
商业周期的四个阶段　136
国家经济的稳定：生产力、价格波动和就业水平　137
货币政策和财政政策：管理经济表现　140
小　结　143

第三部分　市场和战略

第九章 营销、战略和竞争力分析

营销的重要目标：为客户创造价值　149
价值链　153
品牌建设、广告宣传、促销和社交媒体　154
网络营销和社交媒体的重要作用　168
社交媒体的营销力量　173
成为营销组织：真实地对待自己　175
战略思维模型：波特五力模型　180
同业竞争者的竞争程度　184
竞争情报：你的竞争对手能为你做什么　188
小　结　190

第十章 沟通和展示

展示，还是不展示　193
展示前　194
进行有效展示的关键　196
使用PPT的目的是什么　197
小　结　200

第四部分　系统和过程：管理信息系统

第十一章 项目管理

人员配置和领导项目团队　206
小　结　214

第十二章 管理信息系统

硬　件　219
软　件　220
CIO的职责　220
管理信息系统的分类　224
公司如何以有利于自己的方式管理信息技术　224

第十三章 网络和物联网

互联网对商业的影响　229
电子商务的出现　231
小　结　234

第十四章 质量管理体系

什么是质量　237
质量革命传到美国　240
六西格玛　243
质量管理体系的组成部分　244
数据分析和统计　250
小　结　252

推荐语

史蒂文·斯特尔泽是一位不可多得的人才。现在,具有如此学识且愿意与他人分享自己知识的人已不多见。斯特尔泽教授的建议对于商科专业人员十分重要,而且,即使专注于创意工作的文艺工作者,也可以通过阅读《MBA 一日读 2.0》提高他们的商业技能。

——博比·伦纳德,零售商 Arcara 公司 CEO

斯特尔泽教授的《MBA 一日读 2.0》中的观点对于渴望成功的创业者来说是极其重要的。这些观点能使繁忙的初创企业的创业者迅速了解稳妥实用的思维方式,帮助他们解决经常碰到的现实商业问题。

——迈克尔·胡尔,罗杰斯 & 西奥博尔德有限责任公司合伙人,亚利桑那州风险投资会议主席

我亲眼见证了《MBA 一日读 2.0》是如何应用于实践的。我们公司依照这本书中的内容,为医生组织了多次生动的研讨会。这本书提供的信息十分关键又浅显易懂,受到了与会者的极大重视。基于此,我相信读这本书的任何人都可以从中获得实用且可实践的知识,以帮助他们更好地处理职业生涯中的商业事务。

——悉尼·奥尔巴克,注册药剂师,全球医疗保健宣传公司董事长

对于使用"街头技巧"或凭借自己的独特理念和对行业的深刻理解取得一定成功的企业家而言，这本书都是必读书目。斯特尔泽教授在他的新书中生动地描述了MBA的基础知识，它就像是一个用惯了的工具箱，能够给予读者启示，帮助他们的组织成功地度过初创阶段，实现可持续的发展。

——斯蒂芬·林德斯特伦，Behcon公司联合创始人、诊所所有人和管理者，亚利桑那大学McGuire创业项目兼职讲师

对于想要管理公司或已经在从事这一工作的人而言，《MBA一日读2.0》中的信息既深刻又实用。作为一家年轻的、正在不断发展的公司的董事长，我发现这本书阐释的基本概念不仅弥补了我实践经验的缺陷，还额外教给了我有用的重要商业原理。

——艾利森·乔泽恩，Sterling松露吧创始人兼董事长，Mosaic Event Management公司联合创始人

繁忙的业内人士接受的密集职业培训常常会遗漏营销学、会计学、金融和管理等重要方面，而斯特尔泽教授的这本书恰好提供了这方面的指导，简单易读。

——奎因·威廉斯，GT国际律师事务所新兴企业和风险资本事业群主席

斯特尔泽教授的《MBA一日读2.0》为我们理解基础商业概念提供了实践指南。这一珍贵的资源为我们发展管理小型企业或业务所需的技能提供了实训机会，这些技能包括营销和推广、金融管理、领导技巧和信息技术等。要想发展你的公司，这本书是不二选择。

——克里斯蒂娜·莫罗，EURO RSCG广告和公关公司副总裁

虽然我在一家非营利治疗中心担任执行董事已20年，具备咨询行

业重要的专业知识，但我遇到的最大挑战恰恰源于缺乏基本的商业技能，而这是学校里不会教的知识。任何从一线岗位脱颖而出，进入管理层的人都应购买这本简单易读的指南，它可以帮助你们有效管理公司！毫无疑问，这是我最常用的一本手册。

——斯蒂芬妮·奥尔，CASA 执行董事

再版说明

《MBA一日读》初次面世时，恰逢谷歌公司首次公开募股筹得16.7亿美元的资金；脸书刚刚上线，仅向哈佛大学的学生开放。从那以后，世界发生了巨大的变化。当年，我们都已经共同认识到：生活在日益全球化的经济体制中的我们相互依赖，并且我们中的绝大多数人都受到了这种依赖性的影响。当今世界已经变得更加数字化、移动化和网络化，时间不再以天、周或月计算，而是用毫秒度量。这种数字经济改变了我们购物、工作和社交的方式，并且影响了我们的每项日常活动。

《MBA一日读2.0》重点介绍了一个更加数字化、全球化且联系更为紧密的世界。作者用简单易懂的语言，深入浅出地讲解了知名商学院MBA课程中才会出现的重要概念，并向读者承诺始终介绍"最前沿的"内容。

前　言

　　当然，你不可能一天就获得MBA学位——问问那些投入几个月或几年的时间完成这一极具挑战性和回报性的任务的人，他们肯定认同这一说法。但是，这是一本你能找到的、不可多得的好书，它用浅显易懂的语言和国际商学教育——工商管理硕士——的黄金标准介绍MBA概念与原则。

　　本书背后的故事源于我多年全职讲授MBA课程的经验。在教学过程中，我开始注意自己认为非常有趣的东西。每个学期，除了脱产就读MBA课程的"传统"MBA学生外，我总会找到一两个远离这类主流商业公司的"门外汉"，如医生、律师、非营利组织的行政管理人员或小公司的所有者或企业家。

　　你不用很久就会发现这一趋势代表了这类文化水平较高的专业人士（在他们的专业领域受过良好教育）的潜在兴趣和需求，也是从"商业角度"认识他们的职业生活。

　　这类没有受过商业培训的专业人士想要弥补这一空白，并学习他们职业生涯中所需要的商业原则和概念，但这些原则和概念并不会在医学院或法律、工程、建筑、兽医或其他十分专业的课程中讲到。

　　我还意识到对于每一位能够花时间学习MBA课程的医生、律师、建筑师或企业家而言，他们的时间都非常紧张，他们每天都需要面临做好工作、经营一家小公司或开创一项新事业的挑战。这些成功的专业人士一定能够通过学习MBA课程中的重要原则和概念而获益，本书的撰写也是为了满足他们的需求。

你在本书中了解到的概念和原则不仅是全日制MBA学生会学到的基本知识，还是可供专业服务提供商、小型企业主、企业家和公司及行业应用的技能。这些原则或概念不是针对某一行业或职业的——它们是经典的、战略性的、可用于当今复杂的经济环境中的核心知识。

本书主要分为四部分，每部分分章节叙述。

第一部分　人：管理和政策

第一章　人力资源

指出所有公司的工作都源于并围绕人或人力资本展开；讨论如何更好地利用人力资源，既包括人员筛选、培训和发展，也涵盖歧视、骚扰和残疾等方面的禁忌和规定；探讨聘用、解聘和晋升政策。

第二章　组织行为

描述可供选择的组织结构、设计方案及各自的优势和劣势；阐释如何构建并维护适当的组织文化，包括可以适应环境的不断变化而成功发展的学习型组织；还探讨创建创新文化（领导者要将新的理念、产品、工艺或服务项目转变成可盈利并经济上可持续的驱动器）所需要了解的信息。

第三章　领导力和团队建设

分类叙述多种领导风格及其各自的优势和劣势；探讨在组织变得更加复杂和专门化的背景下，如何利用团队使效率最大化；阐明团队最成功和最失败的状态，应该如何筛选团队成员，如何管理和协调团队以及如何培养有力的团队领导者。

第四章　道德标准

关注管理人员应在商业道德不断演变的背景下做出怎样的决定才恰当；依据安然等公司的案例研究，为如何恰当评判决策、信息公开和财务陈述提供生动的指导。另外，这一章对公司作为公民进行了探讨：企业的社会责任不仅仅是"追求环保"，更是制定战略和长期盈利政策时要考虑的核心要素。

第五章　谈判

探讨争端的解决，了解针对组织及其利益相关方面临的问题并达成共识的过程。本章向读者说明了如何准备谈判、制定目标和重点事项，以及选择策略和最后的立场。本章还会展示针对多个角色的谈判脚本及谈判中运用的多种策略，并阐述谈判中可以做和不可以做的事情。

第二部分　货币：经济学、财务和会计学

第六章　会计学基础

解释会计学中语言的意义和一致的重要性；讨论记录收入、支出和组织活动结果的基础原则；阐释现金会计制度与应收应付制会计制度，收入和支出的匹配，以及资产贬值背后的原理。

第七章　财务管理

基于之前的章节，探讨财务管理中财务报表的重要性；用明白易懂的语言展示技术性的信息；教会读者解读和理解财务管理工具，并运用基本会计原则来诊断组织财务状况是否良好。

第八章　经济学：地方、全国和全球

探讨经济学用于评估供应和需求的用语；详细阐述国家、公司和个人如何应用稀缺资源（宏观和微观经济学）；培养"全球意识"，以及实

现组织长期金融可持续性的重要性。

第三部分　市场和战略

第九章　营销、战略和竞争力分析

为读者提供了如何审视竞争对手、行业及其所在市场的发展趋势和优劣势方面的信息；探讨影响组织竞争环境的力量。

第十章　沟通和展示

概述组织应如何通过向顾客、客户和利益相关者告知并使他们相信产品和服务的优势来提高利润；阐释了如何以及何时使用广告、公关、直销和基于关系的促销活动；概述了在日益数字化的世界中的社交媒体、网络营销和促销，以及建立成功的营销网站的重要组成部分。

教授读者如何"讲故事"及如何向观众或市场传播信息的基础知识；阐述影响劝说、展示内容的因素，并列明了可以做和不可以做的事情。

第四部分　系统和过程：管理信息系统

第十一章　项目管理

向读者解释了如何从头到尾应对具体项目，并对它们进行有效管理；描述灵活度的重要性，并指出公司通常不会持续运营，而更易井喷式地完成某些任务；向读者展示了如何识别这些阶段，并对其进行有效管理；探讨如何运用技术提高项目管理的效率。

第十二章　管理信息系统

探讨管理信息系统，以及它们如何帮助管理人员进行组织并根据系统数据做出决定。简言之，有效的管理信息系统有助于沟通，凭借这一原则（仍旧真实）可得出：通常情况下，多人要比个人的成就大。广为人们接受的协作和沟通概念仍是商业的核心。管理信息系统致力于有效收集、编辑信息并将其传达给更多的人。

第十三章　网络和物联网

讨论当今网络环境和技术驱动组织的要素；探讨"软件即服务"和移动平台模式，运用技术提高组织效率和有效性，并使用网络作为提高内部组织效率的载体。

第十四章　质量管理体系

讨论最受重视的衡量工具及其背后的哲学观念在揭示重要组织价值观方面的意义。这类体系包括用于评估和提高组织内部质量的六西格玛方法、全面质量管理和持续质量改进，以此评估绩效和组织竞争力。

致　谢

本书的完成得益于由雷鸟全球管理学院MBA毕业生组成的研究员、作者和贡献者的强大团队。我有幸在这所实验性的学院教过和指导过他们中的许多人。而这所学院培养出的学生多是训练有素、学识广博的跨国公司管理者和领导者。

团队队长莱诺拉·E.佩珀，MBA-IM专业，是众筹平台KickStart营销公司的董事总经理，刚刚被任命为雷鸟独立校友协会的执行董事。阿瑟·霍尔库姆，MBA专业，是伦敦Snupps有限公司的董事总经理。罗纳德·J.格林，MBA专业，是得克萨斯州奥斯汀贝莱德集团的创始人和管理合伙人。贾克森·雷文斯，MBA专业，是华盛顿州民主党执行委员会主席。萨基·帕特尔，MBA专业，是马萨诸塞州波士顿Vistaprint公司的客户需求分析经理。艾利森·凯泽，MBA专业，是加利福尼亚州奥克兰CDC小企业融资公司的创新业务副总裁。雷切尔·内弗特，MBA-IM专业，是True Value五金公司芝加哥办事处的营销经理。

最后，我想向我生命中重要的女性表示感谢：我的新婚妻子，罗斯玛丽，感谢你愿意与我共同冒险，并愿意陪伴我共同面对未来生活中的艰险……我的两个女儿，埃米和马西，你们在做母亲和妻子的同时，还都是成功的职业女性，我为你们所取得的成就而自豪！我聪明的外孙们，哈里森·尼斯、霍利·尼斯、贾斯汀·刘易斯和诺厄·刘易斯，你们都以自己的方式取得了成功，在写作本书的过程中，我一直都很想念你们。

WHAT YOU WOULD LEARN AT
TOP-TIER BUSINESS SCHOOLS
(IF YOU ONLY HAD THE TIME!)

第一部分

人：管理和政策

| 第一章 |

人力资源

招聘、选拔和留住有能力的员工是所有组织的重要工作之一。在当今商界中，这一工作变得越来越复杂和关键。由于商业环境瞬息万变，所以管理者和人力资源部门必须灵活地应对这些变化，包括改变法规、人口统计数据和商业战略。典型的人力资源部门通常有以下两项职责：

- 向该组织的每个职位提供合格且训练有素的员工；
- 保证所有招聘和雇用活动及做法符合各方面的法规与制度。

本章将会介绍第一项职责，与人力资源相关的法律事务的复杂内容和细节问题则不在本书的讨论范围内。

人力资源规划和战略的制订

与商业管理的其他方面内容相同的是，规划和战略制订是负责一个项目时最先需要处理的问题。管理者、专业人员和企业家常会面临一个问题，那就是如何制订规划，使人力资源可以同时符合短期和长期目标。例如，一个组织注重提高其生产能力，成立新厂以满足美国西部市场。作为这家新厂战略规划的一部分，人力资源要素对生产规模的扩大至关重要。

简单来说，进行人力资源规划，首先应该对该组织的员工聘用需求进行分析。这可能意味着两种情况：一是对当前的员工聘用需求进行评估；二是如果有变化，那么要对未来的要求进行分析。无论是以上哪种情况，在进行分析前，都要回答以下五个问题。

- 该组织的战略愿景是什么？
- 短期和长期目标是什么？
- 市场是否存在会影响该组织未来的重大变化？
- 如果需要做出改变，那么应对员工聘用要求做出哪些改变，才能有助于该组织战略愿景的实现？
- 如果该组织内部需要做出改变，那么改变的阻力有哪些？

　　一旦上述问题有了答案，对员工聘用要求的评估也就随之完成了。

　　评估员工聘用计划包括评估用以应对该组织长、短期目标的人力资源能力，计算每个部门或每项职责需要的人员数量，并做出所需的调整。这一过程的确需要大量经验和对具体业务的了解，但是，资深的经理应该能够做出恰当的评估。如果经理人员初涉某一行业，那么他就需要设立恰当的基准点，对比同类组织所需的员工数量。

　　下文列出的三种现象，表明了当前的员工雇用需求与该组织的情况不一致。

- **生产流程经常出现问题，危害与客户的关系**　这类问题包括逾期、退货增加、客户忠诚度降低和管理失误经常出现。
- **员工缺勤现象明显且流动性大**　造成这一问题的原因经常是员工压力过大、士气低落或欲另谋他职。
- **经常加班**　造成这一问题的原因是员工工作量过大或担负的职责过多。长期加班会导致员工精神倦怠，从而引发成本增加。

　　符合当前和未来规划的员工聘用计划完成后，就可以设置岗位职责说明。这一过程包括对该组织的每个岗位进行分析，以得出岗位职责及相应的任职资格，之后统一合并，以供整个组织使用。岗位职责说明在某些组织中是非常重要的管理工具。由于员工会利用岗位职责说明明确他们的职责范围，或为他们的作为或不作为提供依据，所以岗位职责说明应该得到更多的重视。对于员工或团队而言，岗位职责既可以是通行证，也可以是枷锁。

　　岗位分析涉及充分收集信息，以形成对岗位职责的全面了解。岗位职责说明列出了员工需要履行的责任和成功达成岗位目标所需的技能与资格。在考虑人力资源规划这一阶段时，应将自己当成一个刚执教一支需要招兵买马的足球队的教练。首先，你要找到球队中人员储备不足的位置；其次，你需要明确每个位置的球员须具备的素质。

　　一旦完成岗位分析并确定岗位职责，这一信息就可以汇总成人力资源清单，以追踪记录满足人力资源要求所需的技能和能力。

　　岗位职责如果设置恰当，就会成为十分重要的工具，发挥多种不同的功能：

- 为员工提供该组织内部的评估标准；
- 帮助确定每个岗位的薪资水平；
- 为具体岗位设立聘用标准，并向员工说明组织对他们的职责期待。

以下是一份典型的岗位职责说明大纲。

岗位名称

（组织结构图中的具体名称）

职责概述

（简要描述该岗位需要担负的职责）

汇报对象

（该岗位汇报对象的人员名单，以及任何附属岗位）

任　务

（详细列出岗位应承担的日常工作）

要　求

（列出岗位的必备或首选要求，包括工作经验的年限要求、证书和执照）

标　准

（列出评估候选人的标准，包括具体的技能、经验或知识水平的规定）

人力资源规划的实施

这一过程中的规划部分完成后，组织就会开始通过贯彻一套人力资源理念和策略来实施这一规划：招聘、选拔、评估、奖励，以及员工个人和职业上的发展。

招　聘

招聘是组织吸引人才以补充当前和未来职位的过程，不同的组织会采取不同的招聘方式。在多数情况下，组织的人力资源部门会与其他多个部门的经理合作，或者与熟悉人事需求的其他人员合作，以确定招聘方式和途径。

可用的招聘方式多种多样，包括线上线下发布招聘启事、员工推荐，以及通过外包代理机构（猎头、企管招聘组织、职业招聘代理机构）为组织进行招聘。所需费用可能是固定的，这种情况下，外包机构与组织的关系更像是顾问关系或依据业绩收费——按照员工薪资的一定比例抽取代理服务费用。有些时候，被招聘的员工要支付与上述外包服务相关的费用，但是通常情况下，组织都会支付这笔费用。其他招聘策略包括人才市场招聘和校园招聘，你也可以同时采取多个招聘方式。

劳务派遣和外包

在过去10年间，劳务派遣和基于项目的、暂时性的人力资源需求外包这两种形式变得越来越普遍。在这种情况下，组织常会与为某一具体需求或项目提供员工的机构签订合同。这类第三方派遣员工是劳务中介机构的员工，由该机构提供工资和福利，代缴员工个人所得税，并担负其他与员工相关的支出。因此，雇用此类派遣员工的组织可以免于相关簿记，也无须将其纳入工资表的管理成本——只需向劳务派遣组织支付一笔费用，而不用分别支付员工工资。

劳务派遣或外包的用人方式对于新成立的或新兴组织有很大的吸引力，不过，那些面临需求偶然激增或其他偶发性事件的老牌企业也同样欢迎上述方式。这两种用人方式为需要灵活调整员工人数的组织提供了解决方案。

招聘：组织"内部与外部"

组织的人力资源部门可能要询问的问题之一就是从组织内部还是外部招聘人才来填补岗位需求。内部聘用允许经理从已知的人才库里进行选择，他们要尽可能避免候选人对岗位实际需求的错误理解。另外，内部聘用可以节省成本，并能够激励现有员工。

一般来说，如果岗位要求掌握的技能是现有员工不可能通过培训而习得的，那么组织就最好从外部寻找人选。当有具体的岗位需求要满足时，诸如技术要求，从组织外部寻找人选是更为恰当的决定。外部聘用有助于避免频繁的人事变动导致的连锁反应以及员工没有时间熟悉相应岗位而导致的"抢座位游戏综合征"，尽管有时精心策划的组织内部不同工种间的交叉培训是一种颇有成效的长期战略。

最后，外部招聘是引进经验、创造力或新型处事方式的有效途径。

外来视角和方式的注入，可以为组织提供审视工作流程和体系的全新视角。

选　拔

招聘的过程最终会形成人才库，供组织选拔"合适的"员工——这通常会同时运用多种选拔方法，以做出最佳的员工选拔决定。

面试和个人证明材料调查是最常用到的方法，但根据岗位的具体要求，也会使用其他方法。例如，当岗位要求员工具备重要的客户关系时，或者如果意向员工与该组织有受托关系或责任关系，那么背景调查这一方法就比较恰当。其他选拔方式包括：

- **技能测试/工作样本测试**　例如，平面设计人员可能会带来一套之前完成的作品，数据录入岗位的应聘者可能要接受一份模拟的工作任务测试，以考核其工作效率；
- **药检**　这是一种使用频率越来越高的方式，以选拔没有药物依赖或药物成瘾的员工；
- **人格测试**　常用于顾客联络岗位的人员招聘和选拔（比如销售人员和客服人员）；
- **体能测试**　用于身体条件对工作效率十分关键的多种岗位（比如产品安装或送货的岗位）。

面　试

面试能够发现很多问题，但必须精心准备。面试的目的应该是了解候选人是否具备该岗位所需的至关重要的能力和技能，因而准备的问题应尽可能全面。面试官的问题应该集中在行为而非观点上，而且应要求应聘者根据其工作经历提供相关例证。

由于面试常常是对岗位实际情况的复制，因而它提供了一个机会：让我们可以解读身体语言，测试应聘者的临场反应能力。另外，为了确保与组织文化的契合，初次面试之后，还会有多轮面试，这些面试会有将来可能与其共事的其他员工及不同级别、不同部门的组织代表的参与。

背景调查和个人证明材料调查

当应聘者已经筛选至较小范围时，招聘人员就不能只看职位申请表和简历了，还需进行背景调查和个人证明材料调查，这是非常值得花费时间和精力的。以下是进行更有效的个人证明材料调查的规则。

- 要求应聘者牵线搭桥，通知前雇主你将会联系他们。如果应聘者之前的经理提前知道会联系他们，那么他们很可能会提供有用的信息。
- 取得联系后，先描述本组织的企业文化。这会给前雇主评价前员工提供一定的背景信息。
- 向前雇主保证他们提供的信息不会决定最终的聘用结果，但是你的目的是了解如何做出最好的聘用决定。
- 将聘用日期和聘用职位名称等问题留到最后。

员工培训和职业发展

能够招聘和聘用好的员工很重要，但开发并帮助他们发挥全部潜能同样（甚至更加）重要。培训和发展是当今所有企业的重要组成部分。员工发展和培训的主要好处有以下四点：

- 增加组织人力资产的价值和能力；
- 培养合格人员，填补岗位空缺，以此代替外部招聘；
- 培养组织未来的领导人；
- 通过提供上升空间来激励员工，保持其对岗位的热情，以帮助减少人员的流动性。

任职培训

　　培训应该从聘用的第一天就开始，并对全体员工进行情况介绍。使员工有一个良好的开端，是建设一个乐于学习和发展的组织的最简便的途径。大多数小型组织都没有正式的任职培训环节，而依赖员工个人在工作初期自己摸索。这可能在那些普遍使用非正式沟通手段的小组织中行得通，但随着组织的发展，大多数人会发现任职培训十分必要，因为它可以使员工迅速跟上工作节奏并提高效率。

　　正式的任职培训环节可能持续一个小时到几天不等，内容范围和细节程度依据入职员工的岗位级别而有所差别。相比入门级或非技术人员只需要很少的任职培训，资深的专业人员需要更多的指导来跟上组织的节奏。每个组织都需要明确其任职培训的具体需求和项目。任职培训过程中，组织常常会给新员工分配导师，从而帮助他们在最初的几周适应工作。无论是小型组织还是大型组织，任职培训环节都应至少包括以下内容：

- 详细的组织历史、当前结构和产品概述；
- 用人规定和手册概述（如果适用的话）；
- 薪酬、福利和其他相关法律问题的基本情况；
- 健康和安全问题；
- 电话、电子邮件、语音邮件和办公室设备的相关信息；
- 员工的奖励和激励措施。

工作技能培训

　　工作技能培训向员工提供新的技能组合培训。培训形式多种多样，包括对新的软件、会计方法、客户服务技巧的培训，甚至包括团队建设活动。工作技能培训有以下两个主要目标：

- 利用先进的技术和商业惯例使员工保持较高的技能水平；

- 教授员工必备的技能，使其在组织中得以进步。

每个组织都有针对其员工的一套独特的技能要求。当然，许多技能是通用的，可以在组织间轻松地转换，但对于每个具体的组织而言，所需技能无疑是有其独特之处的。在进行培训之前，组织应遵循以下基本步骤。

- 进行全面的技能评估，将各级员工都纳入其中。针对每个岗位设置核心技能要求，并评估现有的技能水平差距。
- 选择培训方。无论是选择外部顾问，还是指派内部培训师，或设计线上培训，培训方必须针对所需技能来提供有效的培训。
- 培训目标要与组织的总目标和目的协调一致。这有助于员工认识到培训的重要性，并且更容易参与这一培训。
- 在工作时间安排培训，有助于员工对培训保持一种积极的态度。
- 安排合适的培训地点。在脏乱的仓库进行培训应该不会产生好的效果。
- 对所有培训项目进行评估，并接受反馈。

职业发展和领导力培训

随着组织的成长、改变和趋于成熟，组织的现任管理人员和领导人总有一天会考虑退出，并从组织内部或外部寻找可以接替他们的人选。在这种情况下，管理者常会发现他们无法找到具备适当经验且最适合组织的合格候选人。

管理者通常发现内部候选人非常擅长他们当前的工作，但是其具备的领导经验不足以使其成功地管理多个部门。虽然外部候选人经验可能会丰富一些，但"恰巧合适的人选"却很难找到。确保找到高级管理者和领导人的合适继任者的一个方式就是设立一个项目或计划，从内部培养领导人。

领导力培养项目在当今商界十分普遍。不事先计划当前领导人的继任问题所带来的风险太高，是大部分组织无法承受的。组织采取的常见衡量手段是问问题，比如，"如果CEO或总经理在一场事故中遇难，组织还能成功运营下去吗？"如果这个问题的答案是否定的，那么明智的做法是管理层立即着手解决这一问题。

　　虽然领导力培训项目的形式多种多样，但是它们都有共同的目标：为某些员工提供必备的技能和经验，使其在未来能够填补高管职位的空缺。此类项目可以是正式的或非正式的，常常持续几年时间，并且应该多次实施，彻底得到组织内部的认可和欢迎。领导力培训项目常涉及计划中的工作轮换，每一步都伴随着责任的增加。潜力较大的员工通常会经聘用加入上述项目，接受分配导师的指导，而且他们的进步会受到定期评估。当然，并不是每个进入该项目的人都能如愿得到高管职位。所有的项目参与者都要证明自己，并采取积极主动的策略来获得职业上的进步。领导力培训项目的实施是希望当管理层需要继任者时，有合格的候选人以供挑选。

360度评估

　　360度评估是组织通常会采取的手段，它是在组织内部提供和接收各级别反馈的一条途径。简而言之，360度评估是用于收集员工个人表现相关信息的系统，信息来源不仅包括经理和主管，还包括同事和向该员工直接汇报的人。那种仅由直接经理提供反馈的传统反馈方式易导致单向、不全面的员工评估结果。360度评估更容易对员工的表现做出一个准确的审核和评估。

　　360度评估体系的运行方式是：通常情况下，全体员工会定期对共事的所有员工打分并做出评价，包括经理、同事和下属。每项评估都包括不同的员工评估类别，比如领导力、绩效管理、沟通、团队合作、正直、素质、解决问题的能力、愿景、信任度、适应性和可靠性。每个组织都会基于其看重的因素来设立评估标准。

评估完成后,员工有机会看到同事是如何评价自己的表现的,经理也能看到其下属对他们的看法。

例如,美国计算机制造商戴尔公司采用的就是360度评估体系,评估结果导致了重大的管理方针变革,其中包括迫使高管层更熟悉日常运营事务,并在日常工作中安排了管理层与下属沟通互动的机会。

有时,贯彻360度评估体系会非常困难,如果管理层不稍加注意,其结果就可能是弊大于利。鉴于这种评估方式得到的信息较为敏感,接受反馈的员工可能会采取抵触或抗拒态度,在给予反馈时一定要十分小心谨慎。有的员工不愿意给同事直接坦率的反馈。组织需要极其信任它的员工,评估才能有效。如果在360度评估之前没有建立起这种程度的信任,那么自我保护、报复和等级思想等人类的本能会导致结果失实,造成各级员工内部更严重的不信任感,这样的话360度评估就应推迟进行。

实施360度评估的步骤

如果一个组织之前从未使用过360度评估,那么人力资源部门将其引进作为个人提升的内部项目是十分明智的,但是不应根据该评估做出管理方面的决定。这可以使员工卸下压力,在整个过程中营造一种轻松的氛围。最好是首次评估时高管层看不到全体员工的评估结果,这样更有利于员工接受这一评估。

许多采取360度评估的大型组织要经过一年多的时间才会看到这一项目带来的好处,并根据评估结果做出决定。员工愿意认可并接受这个体系,才能真正将它作为一个学习工具。

开始时设立测试组

当首次采用360度评估时,这项工作应先从一个部门或少数员工(即测试组)开始,因为在全组织范围内实施会需要大量的时间和资源。

从测试组开始，可以使人们对一些可能会发生的问题提出见解，而且，如果360度评估不能在组织内发挥作用，就可以尽可能地降低成本。

将360度评估目标与组织总目标相关联是十分重要的。360度评估需要所有员工的通力合作，还需要一个应该实施评估的重要商业事由。如果该评估项目与总目标相关，那么员工就更容易接受并提供项目所需的重要信息。

培训员工

360度评估项目可能会需要聘用外部组织来管理整个过程，如果是内部人员管理的话，那么角色和职责必须分配得当。负责的员工应接受培训，了解有关评估的全部内容，必须确保完全的信任贯穿整个评估过程。

将结果转变为行动方案

评估完成后，应根据所有员工的想法策划出一个行动方案。如果有必要的话，那么最好开几次会或提供其他接受反馈的机会。现行目标和目的需要面向未来，才能使参与的所有人都看到这个项目是有效的、有益的。在实施360度评估项目之前，相关人员应先回答以下六个问题：

- 组织为360度评估做了多少准备？
- 该项目会涉及谁？
- 实施这个项目是强制性的还是自愿的？
- 接受评估的标准都有哪些？
- 信息收集、整理和分配的途径是什么？
- 规划、评估、信息收集、发送结果、行动方案的设置与跟进环节的负责人都是谁？

如果运用得当，那么360度评估会成为组织的重要工具，为个人和组织都提供发展的恰当路径。它有助于指导并塑造公司文化，界定并设置目标，还有利于在员工中间培养友情。

绩效管理系统

由于劳动力成本是组织支出的主要部分，并且重要的是，它也是决定竞争优势的主要因素，因而，管理、评估并寻找增加组织人力资本投资的领域也同样重要。

雇主自然希望员工能够出色地完成工作。然而，有效的绩效管理系统使员工更有可能拥有良好的业绩。绩效管理系统的用途包括识别、激励、衡量、评估、提升和奖励员工绩效，并试图将组织战略与结果联系起来。

正如人力资源专业人员指出的，绩效管理系统应做到以下四点：

- 向员工提供有关其绩效的信息；
- 澄清组织的期待；
- 指出发展需求；
- 记录员工个人业绩。

作为竞争优势决定因素的人力资源管理

人力资源规划不断演化，已经从公司用于识别人员需求的基本工具发展为实现"人力资本"最大化的组织战略的重要组成部分。

公司逐渐发现对人力资源的战略管理实际上可以成为竞争优势的决定因素。例如，美国西南航空公司已将人力资源作为其竞争优势的重要驱动力。

在航空这一领域，竞争者们用的是大致相同的地点（机场），而美国西南航空公司虽然用的是与竞争者们完全相同的硬件资产，却能不断在竞争中脱颖而出。据传，能够解释美国西南航空公司与其他利润较低的竞争者之间出现业绩相对差别的这一变量，就是该公司采取的商业模式重视人力因素。美国西南航空公司将大量精力投入营造一种生产效率极高的组织文化，通过设计人力资源战略，不断推动提升竞争优势。

另外，美国全食超市公司、赛仕软件和男人衣仓等公司也积极应对人事问题，以确保它们的员工满意其人事工作。一次又一次得到证实的是当组织关心它们的员工时，员工也会关心他们供职的组织。

例如，男人衣仓的公司理念是在所有员工中发现待开发的人力资本。公司在定义精准的价值观的指导下运营良好，并且其高管层认为员工才是公司的主体。公司为所有级别的员工提供培训，并且作为额外福利，公司还向员工提供低息贷款。因此，在这样一个利润极低且竞争非常激烈的行业，男人衣仓近几年才能以年增长率30%以上的速度获得前所未有的发展。该公司还从近乎为零的员工偷窃率中获益，而且从未采取过任何手段来防止员工偷窃。

男人衣仓的模式可以被借鉴到任何行业。首先要有明确定义的目标和价值观，从而确保人力资本是该组织的竞争优势。在男人衣仓这个案例中，该公司的目标是培养每个员工，使其发挥最大潜能。然后，一旦确定目标和价值观，组织应据此设置项目，确保目标达成的可行性并逐渐实现目标。

小　结

人力资源规划、招聘和选拔是实现公司战略与最大化人力资本投资的最初步骤。我们可以将招聘和选拔想象成一个漏斗，漏斗较宽的部分收集了各种候选人，而选拔的过程则是根据是否符合岗位技能要求和企业文化这两点要求，从候选人中筛选出合格的人员。这两方面的"符合"都是必需的，这样才能通过人力资源的技能有效推进公司战略的实施。

| 第二章 |

组织行为

组织由为了实现同一目标而承担不同任务的个人组成。对于从事商业经营的公司而言，这一目标就是为其客户生产并提供商品或服务。组织行为学是对组织内部的个人和团体如何共同履行职责的研究，它关注个人、团体、组织和程序的最佳管理方式。组织行为是一个宽泛的话题，包括动机的管理、理论和具体实践，以及组织结构和设计的基本要素。

　　从规模较小的非营利组织到规模庞大的跨国集团，所有公司和组织都需要应对组织行为这一概念。公司组织行为的相关信息可以帮助经理更好地理解如何才能实现目标。这一信息可能还会带来多种改善公司或组织的工作程序并提升效率的方式。这样，公司或组织才能成功地适应多变的局势。

管　理

　　过去，管理这个词的重点在于指导和控制；现在，管理则更多地关注支持和协助，而且管理人员作为"教练"这一概念也在不断变化。管理人员在发挥辅助作用的同时，现在更关注如何切实而有效地利用组织的智力资本。智力资本包括基础知识、专业知识和组织内员工的贡献。对于最大化地利用组织的物质资源和实现组织目标，管理智力资本是十分必要的。

　　在实践中，管理人员通过订立目标、构建结构、激励员工与监管员工表现和成果这一过程，来实现组织目标。管理人员指导并利用其组织行为产生的力量。在完成上述工作时，管理人员通常要扮演若干不同的角色。亨利·明茨伯格曾描述过这些角色，它们包括负责人际关系的角色、搜集信息的角色和做决定的角色：负责人际关系的角色指管理人员与他人合作和沟通的方式；搜集信息的角色指管理人员完成工作、共享信息的方式；做决定的角色则是指管理人员利用信息做决定的方式，包括发现机会和问题，并适时采取行动、分配资源、处理冲突和进行协商。

为了扮演好上述角色，管理人员使用自身的技能，将知识转变为行动。罗伯特·卡茨对管理人员应掌握的三种不同的技能进行了说明，包括技术、人际和概念技能。技术技能用于完成某一项具体的任务，它们源于经验和教育，涉及某种具体的技术或工艺的使用。人际技能用于与他人合作的情况，包括基本的沟通技能、说服能力和冲突解决能力。概念技能则用于分析和解决关系错综复杂的问题，这种技能需要对组织整体有清楚的认识，并对相互关联的各部分如何相互作用有清晰的了解，例如清楚地了解行为特征、行为缺陷与为完成目标和目的所需采取的措施。

情商和管理人员

丹尼尔·戈尔曼在其一部有关情商的著作中，对人际技能的一个重要方面做出了定义。情商与管理效率息息相关，并最终与组织行为有紧密的联系，它意味着管理人员的表现会受以下因素的影响：

- **自知**　了解自己的心情和情感；
- **自制**　思考自己的行为，并控制自己的消极行为；
- **动机**　努力完成自己的目标；
- **移情**　理解他人的情感；
- **社交技能**　与他人建立良好的联系和关系。

依据组织结构的变化，对情商有所了解是十分重要的。它可以弱化公司的等级观念，使同事之间的联系更加紧密。

动　机

动机是组织内部重要的驱动力，对智力资本的管理至关重要。动机决定了员工会选择做什么（质和/或量），为完成任务会投入多少精力，以及为完成任务会工作多长时间。受到激励的员工队伍会极大地影响组织的基本面貌。动机与工作带来的满足感紧密相关。工作满意度指个人对他应该完成的工作的感觉，很可能受工作场所的实体属性和社会属性的影响。员工越满意他们的工作，也就越乐于做好工作。

关于动机，有多项重要研究：亚伯拉罕·马斯洛的需求层次理论；弗雷德里克·赫茨伯格对保健因素和激励因素的研究；道格拉斯·麦格雷戈的X理论、Y理论及Z理论；维克托·弗鲁姆的期望理论；J.斯泰西·亚当斯的公平理论；以及增强理论。

马斯洛的需求层次理论

1943年，亚伯拉罕·马斯洛提出了一个有关人类动机因素的理论，被称为需求层次理论。这一理论在美国非常流行，它用五个层次来描述人类的需求。根据马斯洛的理论，一旦一个人某一层次的需求得到了满足，他就会寻求满足更高层次的需求。马斯洛的需求层次理论包括以下五个层次：

- **生理需求**　这是首要的，也是最低层次的需求，它与生存的最基本需求相关，包括温饱的需求；
- **安全需求**　第二个层次的需求包括个人在日常生活中的生理和人际关系方面寻求安全与保护的需求；
- **社交需求**　第三个层次的需求与社会行为相关，它基于个人想被群体接纳的渴望，包括对爱和感情的渴望；
- **尊重需求**　第四个层次的需求与个人对尊重、认可和名誉的需求相关，包括个人对能力的意识；
- **自我实现需求**　这是第五个，也是最高层次的需求，它与个体激发其最大潜能的渴望程度相关，而潜能的激发途径则是最大限度地并以最创新的方式培养和利用自己的能力。

随着个人在公司的职位越来越高，他们会认为高层次的需求会比低层次的需求更为重要。需求还可能因职业平台、组织结构和区位等因素而有所不同。这一需求层次理论可能在不同的文化背景下并不适用。在某些文化中，社交需求可能比生理需求和安全需求更重要。另外，这一理论强调的是管理人员要能够发现并理解员工的需求。这一工作并不简单，还可能造成错误的认识。然而，在适当的情况下，认识到需求的重要性是考虑员工激励因素，并因此指导组织行为的重要方法。

赫茨伯格的双因素理论

20世纪50年代，弗雷德里克·赫茨伯格对工作的特点进行了研究，以确定哪些因素会有助于增加或减少工人的满意度。他的研究发现了有两个因素与工作的满意度相关：保健因素和激励因素。

保健因素是那些必须得到充分满足的因素。它们多与员工的工作环境，而不是工作性质相关。重要的保健因素包括组织政策、监管质量、工作条件、同事间及与上下级和下属的关系、地位、工作安全及薪资福利。让员工在这些因素方面得到充分满足，对避免出现不满情绪是必要的，但如果在这些因素方面得到过分满足，那么也并不一定会使工人的工作满意度增长。

其他方面的因素，被称为激励因素。它们会对提升工作满意度造成直接影响。这些因素包括成就、认可、责任、成长、工作本身及晋升的机会。

像马斯洛的需求层次一样，赫茨伯格的双因素受个人的敏感程度和文化差异的影响，并要求管理人员找准员工认为的"满意度"。主管人员有时会简化这两个理论，并不恰当地认为他们了解自己员工的需求。

麦格雷戈的X理论和Y理论

道格拉斯·麦格雷戈的理论不大关注员工的需求，而更关注管理行为的本质。这类理论基于这样一个论断，即主管对员工的认识会极大地影响他激励员工的方式。麦格雷戈基于他的研究创建了X理论和Y理论。

在X理论下，主管常常认为他的员工对工作有负面情绪，会尽可能逃避工作。基于这一论断，主管会对员工严加管理，严密监视他们的工作，并不愿意下放权力。

在Y理论下，主管则认为与X理论相反，员工愿意工作，并且乐于承担更多的责任。根据这一论断，主管会在工作场所给予员工更多自由和创作的空间，也更愿意放权。

管理人员会基于他们对员工的认识来努力激励自己的员工。这一理论揭示了这样一个道理，那就是根据管理人员对员工的判断，在实际经营中会有不同的情况出现。

Z理论

Z理论出现于20世纪80年代。它试图通过赋予员工更多责任并使他们感到更受赏识的方式来激励员工。这一理论的建立部分是依据日本的管理实例。在这些实例中，员工获准参与决策，事业发展路径不会局限于专业化。

期望理论

维克托·弗鲁姆创建的这一理论认为，员工工作的质量受他们从工作中获得的结果的影响。如果他们觉得自己的努力收获了可接受的成绩，又因此受到了奖励，并且奖励的价值产生了极其正面的影响，那么他们就会受到激励。为了使管理人员在实践中能够应用与期望理论相关的理论，他们就需要清楚地定义什么是人们期待的行为。这一步完成后，管理人员应该考虑可能产生强化作用的奖励措施，以及这些奖励措施会如何对不同的人产生不同的价值。然后，我们必须通知员工做什么才能获得这些奖励，而且管理人员需要对员工的表现做出反馈。如果员工做出了期待的行为，那么管理者就必须立即兑现奖励。

公平理论

作为J. 斯泰西·亚当斯的研究成果，公平理论表明：当人们判断他们获得的薪资与同事相比是否公平时，如果他们感受到不公平，那么必然会对他们的动机造成影响。当员工感到与做相同工作的其他人相比自己的所得更少时，这种不公平的感觉就是负面的；当员工感到与做相同工作的其他人相比自己的所得更多时，这种不公平的感觉就是正面的。

这两种不公平中的任何一种都可以激励员工工作，以改变这种不公平的局面。员工对此的反应可能会有工作懈怠、要求加薪、辞职、与同事比较、安慰自己这种不公平只是暂时的或让同事承担更多的工作。为避免员工有不公平的感受，公司应按照员工为公司做出的贡献来确定他们的薪酬。但是，由于员工和管理者可能对公平薪酬的构成部分有不同的理解，这一理论实际上很难实施。

为了成功地应用这一理论，关键要解决员工的认识问题。要想解决这一问题，首先要承认并预计到不公平的现象可能而且势必会出现。之后，重要的是传达清晰的奖励评估方式和上述奖励依据的业绩评估标准。同时，也可以有适合共享的比对点。

增强理论

增强理论是一种"胡萝卜vs.大棒"式的激励理论，它包括正面增强和负面增强。它将结果应用于具体的行为。这四种增强策略包括：

- 正面增强；

- 负面增强；
- 惩罚；
- 撤销。

一方面，正面增强为完成期待行为的员工提供奖励，以便激励他们更积极地工作。为了激励措施积极有效，只有完成期待行为之后，管理者才能给予奖励，并且必须在看到期待行为后尽快给予奖励。另一方面，负面增强包括撤销消极后果，以鼓励期待行为的发生。这种增强方法有时被称为避免方式，因为它的目的是让个人通过完成期待行为来避免消极后果。与正面增强和负面增强不同，惩罚不是为了激励正面行为，而是为了抑制负面行为；撤销则是取消增强作用所产生的消极结果，其目的是避免不期待行为的出现。

动机理论的总结

在塑造和指导组织行为上，以上提到的七大理论为我们提供了看待组织行为的新视角。从这些理论中，我们可以归纳出以下内容。

需 求

员工都有需求。为了激励员工，主管应该努力了解员工需求的宽度。要做到这点很难，它需要管理人员与员工进行公开和经常性的交流。通过调整岗位结构，适应员工需求，主管才能更好地激励员工。

薪 酬

薪酬是动机的重要组成部分，它的目的是根据员工为公司所做的贡献向员工提供报酬。如果员工感觉得到的比应得的少，那么他们就会不满。为了减少员工感到不满的可能性，管理人员面对奖励机制，需要更加积极主动并了解各方信息。

奖　励

员工需要知道，他们为之奋斗的目标是可以达成的，并且当他们完成目标时，会得到恰当而及时的奖励。

动机：从理论到实践

通过讨论动机理论得出的结论强调的是，当创建组织结构以提高员工的工作满意度和积极性并指导组织行为时，应重视需求的评估、薪酬和奖励。上述措施中，有的包括实施恰当的薪酬项目，增强工作的稳定性，允许灵活的工作时间并设立员工参与计划。

恰当的薪酬项目

在确定如何制定薪酬之前，我们要将薪酬项目和公司的若干组成部分相关联。

经营目标

应根据公司的经营目标设立薪酬计划。员工的薪酬标准应以保证他们的工作有助于公司达成目标为目的。

员工目标

在员工个人目标的陈述方面，薪酬计划应表达清晰。当员工清楚他们应达到什么目标时，他们更容易受到激励。

可达成的目标

员工个体的目标必须切合实际并且能够实现。如果员工认为与他们的岗位相关的目标是不可能达到的，那么他们就会失去工作的动力。如果主管可以设立合理的目标，并使员工认识到完成这些目标就可以获得很多可实现的奖励，员工就会受到激励。

员工的参与

如果公司在实施薪酬计划前能够询问员工的意见，那么他们就会更满意自己的工作。

综合考虑以上因素，恰当的薪酬项目会影响员工的动机，薪酬计划应当为表现最好的员工最大幅度地加薪。这种体系被称为绩效工资制，薪酬的发放基于员工的业绩。激励计划则以奖励完成具体业绩目标的员工为目的。将绩效工资制与激励计划相结合，可以更有效地发挥该制度的作用。一刀切的加薪制度与激励计划恰恰相反，不能激励员工为实现设定的目标而更加努力工作。

工作的稳定性

感到工作岌岌可危、面临失业的员工很难有较高的工作效率。员工有满足感或增强他们工作的稳定性都可以提高工作效率。公司提高员工工作的稳定性的一种方式就是为他们提供其他职能部门的交叉培训。这可以培养员工的复合能力，如果他们现有的岗位发生改变或被裁撤了，那么他们也可以胜任新的工作。

灵活的工作时间

在当今这个时间非常宝贵的时代，很多员工都十分重视休息的时间，并将其视为影响工作积极性和工作效率的重要因素。以下提供了几种灵活安排工作时间的方式，以满足员工追求家庭/工作之间更高灵活度的要求。比较常见的一种方式就是压缩周工作时间。这种制度让员工在更短的时段内工作相同的时间。作为5天8小时工作制的替代，我们可以采取4天10小时工作制。其他灵活的工作时间设置方式之一是分担工作，即两个或两个以上的员工有相同的工作时间。

员工参与计划

员工参与计划旨在通过增加他们的职责或让他们更多地参与决策过程等方式,对员工产生激励作用。员工参与公司事务的形式有很多种,包括工作扩大化、岗位轮换和团队合作,其他更耗费精力的形式包括开卷管理和赋权员工。

工作扩大化

工作扩大化是增加工作职责的非常直接的方式,包括扩展职位责任和交给员工更多的工作。

岗位轮换

岗位轮换指定期将员工分配到新的岗位。岗位轮换除了增加了员工在公司的参与度,调整了他们的职责,还培养了员工新的技能,从而增强了他们工作的稳定性。另外,岗位轮换还可以缓解由于长时间在相同岗位工作产生的疲倦感。

团队合作

团队合作中,不同人员负责团队中的不同岗位职责并承担分配的任务,以达到某一目标。通过这种方式,一个组织的业绩表现可进一步提升。团队合作有助于增强员工的职责意识及其在公司的参与度。好的团队种类是自我管理型,这类团队有权做出与计划的制订和当前项目的执行相关的决定。

开卷管理

开卷管理虽然耗费精力,却是提高员工参与度和增强员工职责意识的最直接的方式。它包括允许员工查看其工作表现对公司至关重要的KPI所产生的影响。为了制订这一计划,公司需要允许员工查看关键业绩衡量指标,并培训他们如何对此进行解读。同时,员工需要获得赋权，以做出与自己岗位和培训相关的决定，并有机会看到这些决定是如何影响公司其他工作的。开卷管理还需要恰当的薪酬体系，将薪酬和业绩挂钩。

赋权员工

赋权员工旨在增强员工的职责意识，并提高员工的参与度。这种方式赋予了员工更多的权利，并让他们参与决策的过程。与没有间接参与某一工作的管理人员相比，得到权利的员工能做出更好、更合理的决定。一种参与式管理与赋权员工类似，虽然它不能给员工提供直接的决策权，但它鼓励管理人员在做决定前认真征询员工的意见。另一种参与式管理方式是目标管理。这种方式允许员工设立自己的目标，并允许他们自行决定如何才能以最优的方式达到目标。

衡量工作满意度

在了解了动机理论，并据此采取了提高工作满意度的措施之后，管理人员如何知道他的举措是否成功呢？在日常的工作实践中，管理人员必须通过工作场所的观察和互动得出结论。然而，有时，最好展开一次比较正式的民意调查。调查方式可以是访谈、问卷调查或对某一组经常参与其中的员工进行重点座谈。两种较为实用的调查方式是明尼苏达满意度量表和职位描述指数。这两种调查方式都是针对组织内部不同方面的员工进行满意度调查，可以为管理人员提供有用的信息。它们涵盖了工作、工作条件、奖励、晋升机会以及与管理人员和同事之间的关系质量。

组织结构

无论是在创业初期，还是寻找不停提升企业经营能力的方式，我们都要考虑公司的组织结构。审视公司的组织结构会有助于解决公司经营方式的问题。谁负责完成公司内部的多项工作？这些员工以何种方式组队？谁负责管理这些员工或团队？应采取何种管理方式？

从本质上讲，组织结构的主要目标是协调并分配公司资源，以确保公司能够实施其计划并完成自己的目的和目标。组织结构的基本因素主要包括以下五个方面。

劳动分工

劳动分工包括两个步骤：将工作细分为若干项独立的任务，将这些任务分配给员工。管理人员要回答以下两个问题。

- 你的公司承担的不同任务是什么？
- 谁负责完成这些任务？

部门化

部门化是将若干个相似岗位组合在一起的过程，以确保员工能够更有效率地完成各项任务。在公司内部，不同程度上会存在不同种类的部门化方式。公司内部会存在哪些部门化方式？能够以不同方式对公司进行部门化吗？组织商业活动部门化的方式有以下五种。

- **职能** 有营销部门和财务部门的公司可以依据职能推行部门化。我们可以依据组织单元在公司内部履行的职能来进行任务的分组。
- **产品** 具有照相机和MP3播放器等独立产品部门的消费电子产品公司，采取的是基于产品的部门化方式。在这种情况下，各部门是依据组织单元销售或提供的产品或服务而设立的。
- **工艺** 具有组装和货运部门的制造公司采取的是基于工艺的部门化方式。在这种情况下，部门化是围绕组织单元采用的生产工艺而进行的。
- **客户** 具有针对不同业务和客户的独立部门的银行，采取的是基于客户的部门化方式。部门化基于其服务的客户种类。

- **地理位置** 采取基于地理位置的部门化方式的公司，可以是汽车制造厂。一家公司会针对汽车在不同国家的销售市场设立不同的部门。在这种情况下，部门化基于组织单元的地理位置划分。

管理层级制度

管理层级制度指管理层的分级方式。它一般包括三个级别：高层或最高层、中层和基层主管。较高层级的管理层一般管理的员工较少，但权力更大。

管理宽度

管理宽度与管理层级紧密相关。在公司内部的每个管理层，每个人都负责管理不同的一部分员工。管理宽度与管理人员直接管理的员工数量有关。管理宽度由多个因素决定，包括活动种类、员工的安置、管理人员分配任务的能力、管理者与其所管理的员工之间沟通的次数和性质，以及所管理的员工的技能水平和动机。

集权与分权

集权指组织单元或层级内部权力集中的程度。分权指主动将权力转移给组织结构中较低层级的过程。这一过程有效地将更多的决策权和责任交给了基层主管。集权和分权各有利弊。一方面，集权使高级管理人员能够更好地审视公司的运营状况，并对财务有更大的控制权，但它会导致决策效率低、创新能力差、工作热情不高涨。另一方面，分权可以提高决策效率，提高创新能力和工作热情，但它是以损失高级管理人员对全公司的整体认识和财务管理为代价的。

机械式组织结构和有机式组织结构

上文探讨的组织结构的五个基本因素产生了多个组织结构的可能

性。机械式组织结构和有机式组织结构是组织结构范围内的两个极端。它们塑造了组织结构因素的概念。机械式组织结构以下列结构因素为特征：

- 工作专业程度高；
- 部门化要求严格；
- 有多个管理层级；
- 管理宽度窄；
- 决策过程集中化；
- 指挥链长；
- 组织结构非常夸张。

而有机式组织结构则以下列因素为特征：

- 工作专业程度低；
- 部门化要求松散；
- 管理层级较少；
- 管理宽度宽；
- 决策过程分散化；
- 指挥链短；
- 组织结构扁平。

非正式组织

正式组织结构——体现在组织结构图或岗位职责说明中——并不是组织中唯一存在的结构。不同部门和不同阶层之间，组织结构内部存在多个非正式组织。非正式组织包括基于公司内部人员之间的非正式关系而设立的沟通渠道网络。上述组织通常基于友好关系和社会交往。除了提供信息，并给予人们对工作环境的掌控感，此类组织还能为我们带来被认可的感觉，以及身份地位的确认感。我们可以通过社交网络分析来更细致地考量非正式组织。这一过程能够详细地描绘出组织内部不同人员之间的社交关系。非正式组织一旦获得认可和理解，就可以在现存组织的内部用于加强沟通和提升工作效率与工作成果。

业务岗和后勤岗的构成

与组织结构相关的因素还有助于划分公司内部人员的不同岗位。其中的两个例子就是业务岗和后勤岗。组织结构通常涉及这两类岗位之间的相互关系。

业务岗与商品的生产和服务的提供直接相关。这类岗位在生产、制造或金融服务类的公司中比较常见。

后勤岗本质上属于辅助型岗位，能够帮助业务岗和高管层更有效地实现公司的目标。后勤岗提供诸如法律、公关、人力资源和技术支持等服务。

业务流程重组

业务流程重组包括对公司结构和流程的全部重构。这么做是为了通过控制成本、提高质量、改善客户服务水平和加快业务完成速度，来提高公司的运营效率。公司在仔细审视组织结构的五大因素之后，就可以更好地理解应该在哪里做出改变，使组织结构更有利于公司目标的实现。

高绩效组织

高绩效组织的目标是有效率地利用知识资本。高绩效组织关注员工的参与、团队合作、组织学习、全面质量管理和综合生产技术。员工的参与是通过赋权员工或参与式管理实现的。团队合作是通过自我管理型团队实现的。组织学习包括收集、交流并保存组织信息，准备应对改变和挑战，并对未来做出更加明智的决定。全面质量管理强调高质量、持续增长和客户满意度。综合生产技术注重制造和服务的灵活度，并涵盖岗位设置和信息系统，以便更有效率地利用资源、知识和技能来提供产品或服务。综合生产技术强调准时制生产和服务体系，较大程度依赖计算机以协助、管理和综合不同的组织职能。实施综合生产技术需要加快组织结构内部的沟通和决策速度。

要想将组织改造为一个高绩效组织，首先要主动了解组织第一线的问题和解决这些问题的机遇，其次要知道组织的目的、任务、战略和愿景。上述要素必须紧密结合，并体现在公司新的使命说明书和愿景中，同时，两者还要与公司的核心价值观保持一致。为了获得成功，这一过程需要组织内部各级人员和团队的积极参与。广泛的参与也能确保上述内容更容易被组织成员接受。完成初始的这几步后，员工的参与、团队合作、组织学习、全面质量管理和综合生产技术就可以使组织、个人和团队受益。组织可以更有效地实现目标，职位满意度和员工积极性都会随之提高，而且组织整体也能更好地为整个社会做贡献。

虽说高绩效组织会带来诸多裨益，但要想创立并维护这样一个组织却绝非易事。其中最难完成的一个部分就是成功地将员工的参与、团队合作、组织学习、全面质量管理和综合生产技术有机结合在一起。它们不是相互独立的职能，团队合作必须包括员工的参与、组织学习和全面质量管理等要素。这对于那些除了完成本职工作，还要进行上述改革的管理人员来说尤为困难。管理人员会碰到各种各样的阻力。员工可能会认为这些变革会造成他们失业，从而可能不愿意参与团队决议或团队活动。管理人员可能还会遇到与阶层和参与相关的文化差异带来的阻碍。面对这些挑战，有的公司只能成功地实施与高绩效组织相关的部分要素。

成功地创建高绩效组织需要非常紧密的合作、极强的工作热忱和所有员工的支持。这是一个颇具挑战性且十分艰难的过程，但整个组织从中获得的回报也是十分巨大的。

管控方法

管理人员通过管理智力资产来实现组织目标，以便从组织资源中获得最大产出。这一过程中重要的一步就是监控绩效和结果。而监控的方式有很多种，其中，直接影响组织行为的最常见的两种方式就是输出控制和过程控制。而控制工作则涉及以下内容：制定标准、获取与标准相应的结果衡量方式，以及采取纠正措施来应对不达标情况。管理人员在进行管控时，必须处置得当，以免为组织带来额外的负担。

输出控制

输出控制包括设定所期待的结果，并允许管理人员自行决定得到这些结果的方式。输出控制提高了管理层的创造力和灵活性。这种控制方式有助于将方法和结果分离开来，并随之通过将权力向层级下方转移，实现分权。

过程控制

确定了用于解决组织问题的有效方法之后，管理人员有时会将其制度化，以避免问题复发。这种管理方式就叫作过程控制，它是一种规范如何完成具体任务的方式。有三种过程控制手段，分别是政策、程序和规则，形式化和标准化，以及前文介绍的全面质量管理。

政策、程序和规则

它们常用于没有直接管理控制的情况。政策是开展活动的总体建议；程序是更具针对性的一套指导方针；而规则是最严格的一套限制规定，并界定什么事情是应该做的，什么是不应该做的。

形式化和标准化

形式化包括创建一套书面的政策、程序和规则，从而简化程序，指导决策过程和组织行为。标准化是对完成一项任务所必需的措施的限制程度，旨在确保实施某类任务时采取的方式是一致的。

组织行为和设计的当代趋势

为了应对全球商业环境的新趋势，现代组织目前正在推动其组织结构变革。

其中，最为普遍的一个趋势就是网络组织或虚拟组织的增加。虚拟组织由一组独立的公司构成，它们通过最新的信息技术进行沟通。它们可以包括供应商、客户甚至竞争对手。这些公司协同合作，分享技术、成本和对方的市场，以求便捷合作并抓住商机。这类公司的特征是涉及技术、投资和信托等领域，边界模糊，并且它们的聚散随商机而变。

影响组织结构的另一个趋势是全球范围内的大规模兼并日益加剧。就其本质而言，这种兼并要求公司根据其在更大的结构中的新位置，重新审视自己现有的结构。此外，旨在提高员工积极性的管理决定必须考虑所处的文化背景。全球范围内的兼并还会促使虚拟团队得到更多的应用，并使团队的多样性特征得到进一步的丰富。

小 结

组织行为研究了个人和团队如何在组织内部协同工作的问题。它聚焦管理个人、团队、组织和过程的最优方式。通过定义组织行为的本质，说明动机的基本理论和实例，讲解组织结构的基本理论及讨论管控的若干方法，本章介绍了组织行为的基本内容。

| 第三章 |

领导力和团队建设

好领导需要具备的素质都有什么？他们成功的原因又是什么？我们可以回顾一下历史上最伟大的领袖。是什么让他们脱颖而出？我们可能会想到诸如英勇的、有魅力的和有战略思维的等形容词。这些都是领袖必备的素质，但是究竟是什么才能真正造就一个强大而成功的领袖？

成功的领导人能够影响他人。他们会利用其内在的品质来激励员工、团队或国家实现目标。领导人可以跳出自身和当前任务的束缚，通过利用自己和他人的合力来实现长远目标。强有力的领导人有能力管理与他人的关系，能够创造出积极的成果。

一说到历史上最伟大的领袖，人们总会想到温斯顿·丘吉尔。他是一位才华横溢的演说家和政治家，但是丘吉尔之所以能够成为非凡的领导人，是因为他能够通过他的语言与政策激励和增强国民的意志力。虽然他的一些战略举措常被人批评太过冲动，但丘吉尔却成功地让自己对民主的信仰和对法西斯主义的对抗主导了战时的政策。不仅是他对政策推行的热情，还有他执行计划的能力，使他成为一位成功的领导人。

丘吉尔这类人所展现的领导力是做正确的事并激励他人。领导人虽然会推行变革，但他们的价值观是稳定的，不会发生改变。大多数领导人不仅目标远大，而且在实现目标的方式上也具有创新意识。

世界上成功的领导人与商界领袖一样，都能够力挽狂澜，转败为胜。领导者从失败中吸取教训，坚定目标，从不因眼前的挫折或逆境而轻言放弃。领导者在具体执行过程中会非常灵活。他们会在中途做出修正，并反复进行修改——"领导者能屈而不能折"。他们还会激励周边的人竭尽所能、全力以赴地完成组织的使命。领导者能够鼓励周边的人，在不违反道德标准的前提下达成期待的结果。

领导与管理

作为全球公认的当代管理和领导力实践界的思想领袖，彼得·德鲁克认为："管理是把事做对，领导则是做正确的事。"

虽然有时会当作同义词用，但领导和管理是不同的。领导者可以是管理者，但并不是所有的管理者都是领导者。那么，他们之间的区别是什么呢？

管理者常关注底线，而领导者常关注限度，不断尝试寻找新的增长点和发展机遇；管理者常满足于现状，而领导者则敢于挑战。

领导通常包括对岗位的彻底改造，强有力的领导者会在组织或世界体系中"创造"自己的位置。管理者常负责当前任务的实施，但很少设想以后的目标。管理者负责维护，但领导者则努力创新。管理者会让员工参与他们的活动，但仅停留于"被动接受指令"的层面；而领导者会努力激励周边的人，帮助他们在工作中实现个人的成长和发展，帮助他们将劣势变为优势。在公司内部各级别都拥有"领导者型管理者"的公司是最成功的。

管理结构

每个公司或组织都有自己的结构，其中大多数都是层级结构，具有多个管理层。每个层级团队都具备不同的管理角色和职责。

CEO通常是决定该组织要具备多少层级的人。这个决定要依据他的经验做出，而且管理宽度要和管理层的能力匹配。如果组织层级过多，那么决策过程就会受到阻碍，管理层对信息的获取也会受限。高层可能与实际执行任务的人员相隔太多层级。

比如，我们采取三层管理结构：最高层、中层和基层。最高层包括CEO、总裁或公司所有者，副总裁对CEO和董事长负责。最高层负责战略规划，设计长期规划并设定公司目标。

在最高层管理人员之下，大多数组织都有中层管理人员，例如地区经理、部门经理或主任。中层负责战术规划。他们主要关注具体的运营、项目、产品和客服团队，并设计提高绩效和实施高层提出的战略规划的方式。

在中层管理人员之下是基层管理人员，通常包括项目经理和主管。这一级别的管理人员不仅负责营运执行，还会参与运营规划。他们向普通员工分配具体任务并监督其表现，同时也会参与组织的日常运营。

组织结构和设计

由于组织内管理层的层级不同，组织活动的类别也会有所差异。组织设计非常重要，因为它负责分工，集合组织指令，建立结构权威和职责并展示组织内部的管理宽度。

CEO通常决定公司以何种方式分组。层级制度下的分组方式有三种：按业务分、按职能分和混合分类。除此之外，还有非层级的组织设计方式——横向设计。

按业务分

按业务分的层级结构还被称为"多部门型"。在这种组织结构中，所有与某组客户、产品或某组产品相关的活动都会被整合到一个部门。

对于规模较大、地理分布较为分散的组织，这种结构最为有效。它还非常适合有多种产品或服务的组织。

这种组织结构设计的优势是可以改善组织内部的决策机制，巩固责任制和业绩，加强并改善各职能部门之间的协作。而其劣势则在于很难配备足够的人员，组织会损失规模经济，各部门间出现敌对情绪。

按职能分

按职能分的层级结构也被称为"单一制"。在这种结构下组织按职能划分并组成各个部门。例如，一家宾馆可能会有市场部、企划传播部、会计部、品质保证部和客户服务部等部门。

按职能划分的结构设计有利于地理分布集中且产品和服务总量较为有限的小型公司。当公司在决策过程中开始遇到瓶颈，并很难协调各部门的工作时，就不再适合采用这种结构了。

这种组织结构设计的好处是它有利于促进员工职业技能的提高，并减少重复的工作；而劣势是它会造成眼界狭隘及工作难以协调的情况出现。

混合分类

混合结构结合了按业务分和按职能分两种形式。例如，XYZ公司的CEO负责监督全球市场部副总裁和XYZ法国办事处的总裁。法国营销部主任则对XYZ法国办事处总裁和全球市场部副总裁负责。这种组织结构设计常用于有较大的国际影响力的公司。如果决定将现有结构改为混合结构，那么许多传统的管理模式都需要改变。

这种组织结构设计使组织能够提高其技能水平，拓宽擅长的领域且有助于对公司资源的有效利用。除此之外，它还能使相互冲突的组织内部工作获得平衡。而这种结构的劣势是它会导致权力冲突升级，造成员工要受制于两个老板的混乱情况，同时，还会阻碍决策过程。

横向设计

在这种组织结构中，没有层级设计。在横向设计的组织中，领导力平行分散到各部门，而不是由上而下传播。在CEO之下，就是所有部门的经理。

以这种形式经营公司的典型就是戈尔公司。它坐落于特拉华州纽瓦克市，是生产多种塑料制品的工厂。戈尔公司有一套与众不同的结构，除了同事，员工们没有其他头衔。实际上，没有人是其他人的老板。员工集体决定要雇用谁，以及他们同事的薪酬是多少。戈尔公司的创新模式值得推广。

管理人员的角色

管理通常是在指导发展、维护和配备资源以达到组织目标的过程中体现出来的。管理人员的主要作用是规划、组织、引领和控制。

规　划

规划是以达到公司目标为目的，决定未来条件和形势下的行动路径的过程。对于想要避免犯下代价高昂的错误的公司或组织来说，有效的规划十分必要。与管理相关的规划有四种：

- 战略型；
- 战术型；
- 运营型；
- 应急型。

战略规划包括设置长期目标，并确定达到上述目标所需的资源。战略规划是最为深远的规划，其时间跨度多为1~5年。

战略规划这一概念中至关重要的是：它涉及对组织外部环境的评估和考量，同时，为了确保组织适应这些不可控的外部变量，我们还需要调整甚至改变战略，以应对不断变化的环境。

一家公司的战略规划目标常常决定了这个组织的成败。制订成功的战略规划，需要遵循以下几个步骤。

确定使命

这一步需要将组织的愿景转化为使命说明或书面的组织目标意向。一般而言，公司会有较为宽泛的使命说明，以告知股东公司存在的原因。

下文是三个公司使命说明的例子：

迪士尼公司的目标是成为全世界顶尖的娱乐信息生产商和供应商。本公司会利用旗下各品牌来提供更为丰富的娱乐内容、服务和消费品。公司的主要财务目标是实现盈利和现金流的最大化，并以最优方式向各项目分配资金，以实现股东价值的长久增长。

通用电气致力于为所覆盖的社区提供服务，并向客户提供具有创新性的优质产品和服务，保护员工的健康和我们的环境。

耐克的使命是激励世界上每位运动员。

虽然一家公司有使命说明很重要，但更重要的是要真正履行使命。一个组织的使命说明是要对投资者、客户和受雇者负责。没有践行使命的公司的绝佳例子就是安然公司。它的使命说明中提到了公司的多项价值观，其中之一就是"诚信"，但安然会计丑闻说明这家公司没有一点诚信。

制定组织目标

组织目标比使命说明更为具体，它规定了组织在客户服务、盈利和员工关系等领域有大家所期望的表现。目标通常以时间为基础，并有衡量的标准。例如，XYZ公司的营销目标是在2005财政年度结束前获得某一产品12%的市场份额。我们再来看看组织目标的其他例子。

锐步有一个与人权有关的组织目标：

支持人权是锐步的标志——它就像是我们的产品，既是公司文化的一部分，也是我们身份的象征。

万豪酒店集团针对组织的多样性有自己的目标：

万豪酒店集团致力于多样性的决心是坚定的。这是吸引、培养和留住最杰出的人才的唯一方式，也是建立必要的商业关系和继续实现强劲增长的唯一方式，还是履行对同事、客户、合伙人和利益相关者的责任的唯一方式。

制定战略，拉大公司与竞争者的差别

这是管理者确认组织的优势并利用它们在市场上占据一席之地的方式。

有的服装零售商店以价格取胜，例如老海军；有的零售商则以高端产品取胜，例如尼曼·马库斯。诺德斯特龙是位于西雅图的高端零售商，因服务水平在业界脱颖而出。诺德斯特龙的员工以优质的服务态度而著名，其高于其他零售商的顾客满意度提高了顾客的忠诚度，也使诺德斯特龙与竞争者有了差别。

规划分类

战术规划指具体实施战略规划所规定的行动。一般而言，战术规划包括短期计划，时间跨度大多少于一年。

运营规划包括针对组织的不同职能领域来设置具体方法、标准和程序。此外，组织会选择具体的工作目标，并为各团队分配员工，以实施计划。

应急规划包括为偶然事件或危机情况设置备用措施。在当今社会，公司特别重视应急规划，以应对危机情况。例如，许多公司因在"9·11"恐袭事件后认识到了恐怖主义给公司带来的影响，都设置了应急方案，以应对可能发生的恐怖主义事件。

组　织

这一管理角色包括在正式的结构中将人力资源与资本资源结合在一起的工作。管理者应确定为了完成一组目标，需要执行哪些具体的任务，据此划分工作并将其归类。

引 领

管理者还要负责引领或指导员工的工作和计划的实施。有的管理者在领导方面更为成功。引领的目的就是为了完成组织目标而指导和鼓励员工。这一角色包括解释程序、签发指令并确保任何错误都得到修正。

控 制

控制促使管理者衡量组织是否严格遵守自己设定的目标。它同时也是持续向之后的规划提供反馈的过程。

设置绩效标准

一家公司需要设置标准，以此来衡量绩效。在销售公司，这一标准可能是销量增长或季度销售额。管理者很可能会设置该季度应达到的销售金额。

评估绩效

援引之前的例子，评估销售业绩会需要计算一个季度内的销售量。

将实际绩效与已设定的绩效标准进行对比

在一个季度内已设定的绩效标准和实际绩效的差距必须确定下来。

采取必要的修正措施

如果销量低于设定的水平，那么关键就在于分析哪里出了问题并努力改正，同时还要根据从中获得的信息来设定未来的绩效标准。

领导风格

每个管理者都有自己的管理风格。在组织内部，通常有一种主导的领导风格。这种主导的领导风格有不同种类：专制型、民主型或自由放任型。我们可以比较各种风格在影响员工绩效方面的有效性。

专制型领导风格

专制型领导风格以指令和控制为特征。这种领导者自己做决定，不询问员工的意见。同时，他们还会规定员工的角色。微观管理是专制型领导的一种形式。在这一形式下，下级承担的最小任务都在高层管理人员的控制范围内。专制型领导风格限制了员工表达的自由和参与决策的自由。它可能会导致员工和领导层的疏远，并不利于在管理者和下属之间建立信任感。此外，这种领导风格不利于创意思维的生根发芽。

专制型领导风格适用于公司员工经验不够丰富的情况。在欠发达国家运营的美国公司多采取这种领导风格，它使得母公司对海外投资有更大的控制权。在政府控制经济的国家，有些美国公司也会采取这种领导风格，因为员工做决定的目的是达到政府的目标，而非母公司的目标。

管理者不应在员工希望表达自己意愿的工作中采取专制型领导风格。如果员工开始依靠管理者为他们做出所有决定，或者员工变得唯唯诺诺或心存不满，那么管理层就不应采取这种领导风格。

民主型领导风格

民主型领导风格的核心是员工参与，并通过协商达成共识的方式做出决定。领导者会让员工参与决策过程，并且会鼓励他们建言献策，分配任务。民主型领导风格会使员工得到更多的权利，因为这使他们对管理层应做的决定有一种责任感。因为员工每天都会工作，所以当他们提出与管理者不同的意见时，这种领导风格会使管理变得更加有效。成功的领导者知道什么时候做老师，什么时候做学生。

民主型领导风格适用于公司里多是专业且资深的员工的情形。它最利于组织变革的推行和团队问题的解决。当管理者不确定下达何种指令而需要知识广博的员工的帮助时，这种领导风格也非常有利。民主型领导风格的一大劣势是它可能导致无休止的会议。因此，如果公司的每项决定都采取民主方式的话，那么这种领导风格在员工中就会遭遇阻力。

当公司经不起任何错误时，比如，当公司面临破产等危机时，民主型领导风格就不是一个好的选择。

自由放任型领导风格

　　自由放任型领导风格要想成功的话，就需要管理层与员工进行多方面的交流。在这种领导风格下，员工要负责做大多数决定，并且在整个过程中，管理层对他们的监管极其微弱。在这种领导风格下，员工在日常工作中需要不断激励和管理自身。

　　自由放任型领导风格适用于公司里多是有文化、有知识和有上进心的员工的情形。员工必须有独立实现目标的动力和决心，这种风格才能发挥最大效力。如果员工觉得领导角色的缺失让他们感到不安全，或当管理人员利用员工掩盖自己的无能时，那么这种领导风格就不适用。这种情况可能会导致不满情绪和不健康的工作环境。

　　与有不同类别的公司理念一样，一个组织和领导层也可能采取任何一种或全部领导风格。例如，建筑公司的经营合伙人可能对文书和行政职能部门采取专制型领导风格；而对从事建筑工作的同事和合伙人等专业人员，可能就会采取民主型或自由放任型领导风格。

　　除此之外，值得讨论的还有两种领导风格：变革型和交易型。这两种领导风格都与道德要素紧密相连，并有较深厚的哲学渊源。

变革型领导风格

　　有清晰的愿景并且能够有效将这一愿景向其他人表达清楚的领导者通常具有变革型领导风格。变革型领导者不会局限于自身，而往往会为更大的福祉奋斗。这种领导者会让他人参与决策过程，并会给周围的人机会，让他们得到学习和成长。在解决问题时，这类领导者会寻求多方面的意见，并且有能力让下属获得自豪感。他们会花费时间培训员工，也会向员工学习。

交易型领导风格

交易型领导风格以集中管理员工为特征。交易型领导者会控制结果并追求行为上的顺从，这类领导者手下的员工常常会受领导者的称赞、报酬和许诺的激励。他们也会根据领导者的负面回馈、警告或处分做出修正。

最高效的领导者往往不会拘泥于单一的领导风格。领导者应该知道何时适合专制，何时适合民主，他们可以同时采取变革型和交易型领导风格。这些领导风格并不是相互排斥的，而是可以相辅相成的。

领导和激励

领导者的重要角色是激励员工尽可能完美地完成工作。领导者激励员工的方式有很多种，而且其中许多方式都不需要额外的现金付出。

有时，激励实现的方式是极具创新性的。位于达拉斯的零售商货柜商店为其员工提供免费的瑜伽课程、个性化的网上营养日志和每月一次的免费座椅按摩。这些方式都有助于缓解员工的压力，使他们有被赏识的感觉。该公司连年跻身《财富》杂志评出的"100个最佳工作场所"之列。

公开的交流是激励员工的关键。当员工感到确实有人倾听他们且管理者也乐意与他们公开讨论问题时，信任就建立起来了。在哈雷－戴维森总部，管理人员的办公室是没有门的，这样就营造了一个公开而又充满信任的环境。

另一个激励员工的方法是确保员工能分配到最合适的工作。领导者的职责是了解员工的能力和喜好，并将他们与可以运用其技能的工作相匹配，如果可能的话，那么最好也与他们的喜好相匹配。

如果领导者是一个好的榜样，对工作充满了热情，为自己的公司骄傲，那么这会对员工的动机产生积极的影响。

在戈尔公司，销售人员的动机来自其同事的认可，而薪酬的制定基于其在销售团队中的排名。另外，公司根据长期的增长和客户的保留程度来制定酬金或奖金数额，而大多数公司则根据底线来设置基础奖金。对一个季度内做出特殊成就的员工，戈尔公司还会向其授予"自豪的章鱼奖"奖杯。

公司文化

公司文化是组织具有的信仰、目标和价值观体系。一个组织的多个方面都会影响公司文化，包括工作环境、通信网络和管理哲学等。

强有力的公司文化会促使员工以相同的速度前进，提升员工的积极性和忠诚度。公司文化还会有助于公司管理和结构的完善。

强有力的公司文化并不总是组织成功的关键。如果公司文化是变革的阻碍，那么它就会减缓公司绩效的增长，并最终影响公司的成功。方向不当的文化还会导致员工为错误的目标奋斗。

领导力和文化

由于领导风格常会影响组织文化，因而它在组织内部极其重要。哪种领导风格是正确的呢？这在很大程度上取决于组织类型和组织的高管层。

如果管理者是强势的领导者，那么他们的领导风格常会成为组织内部不同管理层的主导风格。领导风格随之会决定组织文化的形成。在组织内部，存在领导力高和低的情况。如果公司领导风格具有欺诈性，那么组织内部的管理文化就常具有欺诈性；组织内部的道德水准也与此类似。

在组织内部形成一个持久的文化，需要一个强势的领导者。对于一般的领导者而言，要想形成某类工作态度和工作环境，需要好几年的时间，只有杰出的领导者才有能力完成革命性的变革。

成功的公司文化的特征

关　心

　　这包括员工对他们的行为负责任，并关心他们的客户和公司的利益。这种文化特征有助于保证高质量的客户服务，营造积极正面的工作氛围。

挑　战

　　如果公司的CEO认为员工应该"跳出思维定式"，但之后却由于认为失败的可能性大而否定了这一想法，就可能造成矛盾。在这种情况下，员工会因为害怕失去工作而不敢向传统思维方式和行为方式发起挑战；有创新才能的员工会离开，而一味服从的企业文化会因此形成。

风　险

　　一家成功的公司能够管理风险，并将其转换为战略优势和盈利的良机。这包括关注信誉和盈利。员工必须能够预测他们的决定和行为可能造成的后果。这种风险管理可以大幅度地增加股东价值。

道　德

　　通常情况下，道德是凝聚组织文化的黏合剂。一位注重效力的领导者应该为组织设立书面的道德准则。这些道德准则不仅应该推行，还应该不断加强。员工的道德水平应作为其绩效的衡量标准之一。

焦　点

　　正如刘易斯·卡罗尔所言：如果你不知道你要去向何方，那么选择任何道路都会把你带到那里。如果管理人员有焦点意识且能持之以恒，或者他们知道公司或组织的发展方向，那么他们的领导者就可以更好地完成组织的目标工作。如果管理人员认为组织的目标取决于那天的风向，那么这一目标肯定不会实现。重要的是，员工要知道他们自己的发展方向，以及他们应该得到什么。领导者的工作就是为员工指明方向和目标。领导者也应该时刻清楚自己的发展方向是什么。

然而，这并不意味着领导者不应推行变革。实际上，领导者应是变革的媒介，因为停滞不前在绝大多数情况下都不能带来成功。关键是在接受变革的同时，领导者要能够让员工的工作方向与目标保持一致。

信 任

相互信任是领导力卓有成效的重要标志。管理层应该信任领导者，领导者也应该信任管理层。我们应注意到微观管理可能会扼杀信任文化。当员工开始相互信任时，就会形成团队合作的氛围。在这种环境下，每个人都会为了共同的组织目标而奋斗。

绩效考核

组织为完成目标常用的方式之一，就是根据绩效考核结果，对员工的表现进行奖励。绩效考核制度比较公平，并有助于进一步营造团队合作的氛围。

创 新

随着全球化不断冲破地域的限制，营造创新环境就变得至关重要。因为它有利于催生新的产品、服务、工艺和性能，以此作为长期竞争的优势和可持续发展的驱动力。那么，将创新元素注入组织文化需要我们做些什么呢？

- 高管层和组织的核心价值观正式采纳并支持创新。
- 将创新视为贯穿组织整体的系统性过程，所有人、所有级别的单位都要参与创新。
- 向参与创新的所有人和所有级别的单位提供资源、工具和组织支持。
- 支持营造以管理层和员工相互信任为核心的创新环境。在这样的文化环境中，员工明白他们的创意会得到重视，相信组织会给他们表达自身想法的权利，并且会同管理层一起监控风险。
- 奖励创新，形式可以不拘泥于金钱，还包括对员工的认可和授权。

领导趋势

指 导

发挥有效领导力的一个新趋势就是指导。这一趋势在不同组织中变得极其受欢迎。这种领导方式是指在决策过程中对员工提供指导。在指导时，管理层会给员工提供想法、反馈和协商机会。但是，决定权最终在员工手里。这种方式会促使员工做好应对挑战的准备。员工的技能水平越低，经验越少，他们就会得到越多的指导。员工和领导者的互动是提高员工技能的最好机会。指导可以帮助员工更加擅长自己的工作。将自信灌输到员工的思想里十分重要。如果管理层表示相信员工的表现会超出预期，那么这也会帮助他们真正做到这一点。

一个好的领导者可以发掘每个员工的强项，并关注如何更有效地使这些强项帮助组织达到目的。一个好的领导者还会促进个人的发展和进步。这样一来，员工也可以在达成组织目标方面发挥更有效的作用。一个注重效力的领导者还会认识到每个员工都各有特点，都有各自的强项和弱项，因此，指导的策略也要因人而异。

赋权员工

由于组织和公司的界限变得越来越模糊，赋权员工也变得越来越重要。这一趋势使得员工能够参与决策过程。赋权员工也是建立员工自信的一种方式。它还能使员工与公司的目标更紧密地联系在一起，并有助于增强他们对工作的自豪感和对组织的忠诚度。

全球性领导

随着公司在地理范围逐渐向国际化发展，对全球领导者的需求也日益增加。虽然成功的国内领导者的必备素质同样适用于全球领导者，但两者的区别在于全球领导者要具备国际视野。全球领导者常具有创业精神和让自己的理念与战略走出国门的雄心壮志。他们还要对各国文化有所理解，不论全球领导者处于何地，他们都必须对工作地点所在地的文化背景有一定的敏感度。他们还必须有较强的适应性，这在一定程度上能够帮助他们接受工作地所在的不同国家的文化规范。他们必须指导何时应改变组织运营结构，或调整领导风格以适应周边的环境。然而，虽然他们必须有足够的适应能力，但也不应改变自己的道德标准或价值观以符合当地人的喜好。全球领导者同时还必须是榜样——要抵制腐败，不能同流合污。

公平待遇

一个重要的领导趋势是对员工提供公平的待遇。这并不意味着每个员工的待遇相同，而是说每个员工都应得到他应得的关注，这也就需要领导者了解自己的员工。一个好的领导者会对员工有充分的了解，能够给予他们所需要的，使他们有最佳的表现。对有的员工而言，这可能意味着更多制度上的管理；而对于其他员工而言，这可能意味着更多自由。有的员工可能需要更严格的监管，而其他员工可能在独立自主的状态下工作得更好。领导者必须知道如何才能帮助员工达到最佳状态，以及怎样才能与他们建立稳固的关系。要做到这点，最有效的途径就是了解他们每一个人。

反　馈

员工会因为管理者的反馈而有更好的表现。通过提供有效的反馈和沟通，管理者可以向员工提供他们所需的工具，帮助他们提高绩效。

在多数情况下，提供反馈不仅不会打击员工的士气，反而会使员工有机会从自己犯下的错误中吸取教训，更好地完成工作。正增强应用于鼓励员工的正面行为，但当有必要批评时，要确保批评是建设性的。管理者可以告知员工他们观察到了什么，以及他们对此是如何解读的，这可以使员工更好地理解管理者从他们的表现中看到了什么。而且，如果存在误解，那么误解也能得到解释和澄清。管理层和员工之间的这种公开的对话可以营造相互信任的氛围，也更容易促使员工做出更积极的表现。

发挥领导作用

当你在组织中发挥领导作用时，重要的是对有效领导的组成要素有深刻的理解。

第一手经验

好的领导者会依据获得的有关领导作用的第一手经验，思考从中得到的经验教训。这些经验教训不局限于公司，还包括在各种俱乐部或体育团队等组织中获得的经验。

领袖传记

阅读那些与其他领导者有关的书也很重要。多数世界领导人都会阅读他们所钦佩的领导人的相关图书。这些书会使他们更深刻地理解成为一位领导者需要什么，以及应该如何做出决定。

找一位导师

向杰出的领导者学习，是提高领导水平的好方法。他可以是组织或社区中堪称典范的领导者，同时愿意做导师。实际上，大多数领导者都会很乐意提供帮助。

团队建设

团队合作指一组人为了实现共同的目标而一起工作，共同承担责任。团队建设是以提升团队业绩为目标的过程，它包括多个旨在促进沟通与鼓励合作的活动。此外，团队建设的目标还有避免潜在争端和问题的发生，振奋团队成员的士气。

许多不同的行业和组织都会利用团队这一形式来达成目标，因为与单打独斗相比，相互合作常能产出更多的成果。

你怎么知道需要团队来完成项目呢？你可以问自己下面的问题：这项目标可以通过个人的努力实现吗？其他人或一个团队能更有效地实现目标吗？如果答案倾向于其他人的加入，那么是时候考虑组建团队了。

在越来越复杂的商业环境中，各组织都在采取团队的形式，发挥各种技能和理念的作用。为了有效地利用团队，我们常常需要采用创新性的策略，将各类专业人士集合在一起，集思广益并形成内部合力，以应对复杂的组织环境所带来的挑战。

经常进行团队合作的行业范例就是建筑行业。不组建项目团队，是不可能有成功的建筑物的。在项目初始，就应组建设计团队，团队应包括建筑师、工程师和项目顾问。但是，仅有设计团队是不足以完成这个项目的。他们还需要与项目所有者和承包商组建团队。

团队种类

在不同的组织中，用于达成目标的团队种类也各不相同。

问题解决团队

这种团队的组建只是暂时的，问题解决后即可解散。团队成员包括一级管理层。比如，MNO公司抢得了XYZ公司在北美市场10%的份额。XYZ公司想通过增加在北美地区的销量，抢回市场份额。为此，XYZ公司所有区域销售人员都被召回，以组建团队。虽然他们每个人负责的区域重点没有改变，但他们不得不共同合作，夺回在北美地区丢失的市场份额。当他们实现这个目标后，XYZ公司就可以通过持续的努力，保住市场占有率。

跨职能部门的团队

这种团队由来自不同商业职能领域的成员组成，并且常位于同一管理级别。一家洗发水公司如果打算向市场推出一款新的护发素，就需要组建团队。团队成员会包括来自品牌管理、产品开发、市场调研和财务等不同职能部门的管理人员。在临近产品推广时，团队参与者很可能还会涉及营销、传播和设计部门。

团队发展阶段

组建团队

团队发展的第一阶段包括组建团队，制定重点明晰且可达到的目标。重要的是，团队领导层要了解成员的优势，组建一个有凝聚力的团队。在组建阶段，团队成员相互之间会非常客气，他们会相互试探。

团队设立目标的一个范例就是项目时间表。比如，对建筑团队而言，项目的某些阶段必须在某一时间范围内完成，才能保证项目能被按时交付。设计团队为每个建筑阶段分配适当的时间，这样建筑商才能盈利。这一时间安排必须从一开始就约定好。

团队发展的激荡期

团队发展的第二个阶段包括协调各项工作和解决问题。如果团队合作因一个困难的问题而出现失误，那么团队成员应努力让项目重回正轨。团队成员应该知道团队是否正常，以及团队是否在朝着正确的方向有条不紊地实现目标。

在激荡期，沟通对于团队而言是最重要的。有效的团队会以清晰且公开的方式就工作中出现的问题进行沟通。无效的沟通可能会导致团队成员间产生不必要的紧张情绪，并对他们造成不必要的压力。重要的是，沟通要恰当，并且要有互动回应。恰当的沟通要以任务为导向，并且要有针对性。有互动回应的沟通指团队成员愿意收集信息，主动倾听，乐于在其他团队成员的理念和观点的基础上得到发展。

制定团队规范

团队规范是指导团队成员行为的非正式标准。这一阶段包括明确团队的作用、权利和职责。重要的是要在团队建设的初始阶段制定规范，以避免之后出现问题。除了划分职责外，还需要划分每个团队成员要承担的风险。团队的每个成员都应该对这个项目有主人翁意识。

划分职责还意味着设立团队领导。团队领导不应是一个上对下的工作，而更像是一个教练的工作。团队领导必须扮演好啦啦队员这个角色，鼓励每个团队成员协同合作，集思广益，发挥模范带头作用。

团队组建完成后，常有这么一个阶段：成员的性格和想法会产生冲突与矛盾。团队成员的风格开始显现，他们不再彬彬有礼。在这一阶段，团队成员对该项目会产生悲观情绪，还会有混乱的情况出现。

团队执行期

截至这一阶段，团队已经开始有效的合作，问题已经理顺，成果也开始显现。很多工作都会在这一阶段完成。团队将会有信心并有能力轻易地完成新的任务。团队成员可以熟练运用不同的创意性手段。在这个时间点，关键是要评估并汇报已取得的进步。

项目完成，团队解散期

项目的最后阶段是完成期。通常在这个时候，团队会评估成果，汇报工作，花时间总结经验和改善工作，为之后的团队项目提供帮助。

小　结

　　领导者这个角色会对组织造成很大的影响,他们会决定组织在市场上的成败和企业文化。强大的且有道德感的领导者在当今的商业环境中极其重要。虽然有各种不同的领导风格,但在最注重实效的领导者中,有人能够改变他的领导风格,以满足员工的需求。领导者这个职位不仅需要出色的演讲技能和领导能力,还需要远见卓识,并有将其转变为现实的能力。

　　团队建设是当今商界的另一个重要方面。许多公司利用团队来完成项目,建设一个有效的团队对完成一个项目十分有必要。如果团队能有一个帮助他们度过团队建设最困难阶段的教练,那么团队就能成功。

| 第四章 |

道德标准

虽然商界的道德标准一直是几百年来人们讨论的话题，但近来还是有多家公司和个人因为道德标准出现偏差而遭遇法律纠纷和财务损失。玛莎·斯图尔特是个人道德标准出现问题的例子之一。对她的指控是参与内幕交易并违反美国证券交易委员会的规定。她因此接受审判，成为媒体口诛笔伐的焦点。虽然她的违法行为涉及的是个人投资，但她品质上出现的问题仍旧对其公司造成长久的负面影响。她辞去了玛莎斯图尔特生活全媒体公司CEO的职务。销售她的品牌商品的凯马特公司对她提起了诉讼。这个例子清楚地说明了无论是代表公司的个人还是公司自身，其道德标准都与公司的底线紧密相连。

就公司而言，严重违反道德标准的案例就是安然公司——一家能源贸易公司。在15年间，安然成长为美国最大的公司之一，在超过40个国家有20 000多名员工。但是，2001年12月，安然陷入了大规模的会计丑闻，由此引发了美国历史上最大规模的破产保护申请。在政府听证会上，多名安然高管人员参与做证，以评估这次事件的严重程度。

由于安然欺骗性的会计行为，成千上万名安然员工失去了他们的退休金，而多名安然管理人员却得到了数百万美元的奖金。

道德标准：定义

道德标准的定义是用于判断对错的道德方面的准则。在商业背景下，道德标准是道德方面的价值观和行为的标准，它制约着公司所做的决定和工作环境下的各种做法是否恰当。

不道德的决定通常有益于决策者，而不是组织的利益相关方。在商业实践中，不道德的行为有：

- 故意发表不真实的言论；
- 拿走不属于自己的东西；
- 拿影响力做交易；
- 隐藏或泄露信息。

公司治理

人们通常认为公司治理是用于指导和管理组织的体制，但在过去的10年间，公司治理也开始有道德倾向。前世界银行行长詹姆斯·沃尔芬森曾说过："公司治理关注的是推动公司的公平性、透明性和责任感。"

设定道德标准

判定对错没有那么直截了当。道德标准的主观属性对于组织设定道德标准提出了要求。公司领导者经常成为道德标准上的榜样。正如本书第三章提到的，领导者的职责就是给员工做榜样。这也是玛莎·斯图尔特的个人金融交易会给以她名字命名的公司带来困扰的部分原因。

设定道德标准是领导者在整个组织中传播他的道德信仰的重要途径。通常情况下，道德标准会涉及各个商业领域。

组织内部关系

组织的道德规定涉及组织内部的方方面面，它们清楚地说明了公司对员工的责任。这些规定常包括公平就业机会、性骚扰、多样性和员工安全。

公平就业机会受《1964年民权法案》保护，法律禁止雇主因种族、宗教、性别或国籍而歧视雇员。现在，美国将性取向也纳入了此法律的保护范围。许多公司出台了积极的政策，以增加组织内部少数民族和女性的就业机会。美国公平就业机会委员会主张公平的就业机会，感觉民权遭到侵犯的员工可以向该组织进行正式投诉。

在过去的20年间，有关性骚扰的诉讼案逐渐公开。因此，很多公司制定了非常严格的规定和全面的员工培训内容。这些措施的采取，就是为了提高员工的意识，让他们明白什么是不可接受的。同时，让他们了解在遭遇来自同事的性骚扰时，自己拥有的权利。

工作场所的多样性指组织雇用的女性和少数民族员工的数量。许多组织举办多样性座谈，就是为了打破性别和种族方面的藩篱，增进文化认知和员工间的相互了解。

外部组织关系

许多组织设立的道德标准还涉及他们对外部世界的影响，包括他们对股东、客户和社区应负的责任。

公司对股东的责任之一就是做出的决定应该使股东的利益最大化。许多组织提倡股东积极主义，这使股东有机会影响管理层的行为。由于股东支持道德考量，所以他们中的积极分子还会在员工关系、社会认知、环保行为和其他社会问题等方面施加自己的影响力。

组织对其客户需要担负与生产行为有关的责任。客户希望公司不生产或提供有内在缺陷或安全问题的产品或服务。公司也会设立销售行为标准，禁止具有欺骗性的或激进的销售手段，确保员工清楚哪些是可以接受的行为，哪些不是。

公司承担的社会责任可能包括环保行为。环境保护义务包括防止空气、水和土地污染。日益发展壮大的环保运动表明企业社会责任还包括生产有利于社会或对社会不会造成伤害的产品。

道德规范形成书面标准的重要性

许多组织会选择用书面文件叙述符合政府规章制度的公司道德规

范。这一文件随后会被下发到组织的各个部门，以澄清公司的规定。这一标准常包括公司内部行为、产品质量和客户关系的指南。

道德标准培训

越来越多的公司会为员工举办道德标准培训会。这类培训会的内容包括对道德困境的讨论和分析。道德培训会十分有益，为员工提供了辅助工具，使其在道德受到考验的情况下，依然能做出正确的选择。

错误道德决定的后果

安然公司的案例向我们展示了大规模的道德违规行为如何导致公司倒闭、管理人员官司缠身。安然公司最终申请破产保护并卖掉了大量股份，有的管理人员甚至被送上了被告席。道德违规行为的后果并非仅仅涉及安然公司，还蔓延到了它的会计师事务所——安达信会计师事务所。为了掩盖安然公司的会计违规行为，该事务所的信誉也遭受了无法挽回的损失。

尽管大公司已经开始重视并竭力避免不道德的行为，但一些小型公司仍因欺骗行为而承受巨大的损失。研究发现，与大公司相比，小公司因诈骗造成的损失要高出25%。

监督投诉、鼓励反馈

很多公司会通过监督投诉和鼓励反馈两种方式来处理违背道德的行为。客户、股东和员工对公司的投诉应该接受监督。许多公司还通过为客户提供免费热线和为员工提供意见箱的形式来鼓励反馈。这种反馈机制会让客户、员工和股东感觉管理层在倾听他们的声音。根据美国注册舞弊检查师协会的研究结果，配备热线的组织可将因欺诈造成的损失缩减高达50%。

政府规定

在违背道德的行为已对社会造成伤害的情况下，联邦政府会介入并制定规定，防止不道德的公司对社会造成进一步的伤害。目前，政府可以通过一些组织和规定来保护客户免受不道德公司的伤害。

美国联邦贸易委员会会监督广告，以便确保公司不会用虚假广告来误导公众，其目标是为了遏制欺骗性行为。另一政府组织，美国食品药品监督管理局会通过监管产品的安全性和质量来保护客户。此外，美国政府还有许多相关规定，用以鼓励市场竞争，确保客户不会在市场上遭遇商品和服务的不公平价格的伤害。为了达到这一目的，政府的反垄断法案防止垄断的形成。政府还通过整顿电信等行业来保护消费者免受不公平价格的伤害，从而提高市场的竞争性。

举 报

行业欺诈最普遍的调查方式就是通过员工举报。虽然许多员工选择将违规行为上报公司的管理人员，在公司内部举报欺诈，但是，举报指的是员工向媒体或政府公开公司的不道德行为。在举报之前，他们必须要对以下四个方面进行考量。

- 公司的道德问题在内部能够得到更妥善的处理吗？
- 是否值得待在一个不重视道德准则的公司？
- 不道德行为已造成的损失是否超过了公司遭举报后可能的报复行为带来的风险？
- 尽管已有相关保护措施，但举报是否可能造成被骚扰、惩罚或开除的风险？

州和联邦都有保护举报人的相关规定。《萨班斯-奥克斯利法案》规定：

（e）对向执法官员提供有关触犯或可能触犯联邦刑律行为的真实信息的人故意进行打击报复，采取危害举报人的行动，包括干涉举报人的合法工作和生活来源，应根据本章处以罚款、10年以下监禁或并罚。

当代道德标准

不法的行为导致了人们对大型公司普遍抱有怀疑态度。近年来管理上的疏忽也频频曝光，引起了全球对美国金融市场的不信任。这些丑闻所带来的经济影响，再加上公众不信任的态度，给美国股票市场带来了沉重的经济损失。

《萨班斯-奥克斯利法案》清楚地表明除设立其他规定，制定更加严苛的会计惯例要求，鼓励增加透明度，以及保护就公司违法行为提供相关信息的人员外，美国政府还致力于保护公民免受不道德公司的伤害。

对美国商业道德的讽刺导致很多组织的标准都远超之前的水平，以确保道德标准能够得到落实。例如，各公司都在设立首席道德官这一职位。

但是，这些严格规定道德的举措是否足以使全世界相信美国公司能够符合道德标准呢？"安然式道德"一词讽刺性地指出了一家公司对外的道德表现和对内的不道德行为的区别：对外，安然公司看起来像是一家模范公司；而对内，安然公司却因为会计行为过失而倒闭。但是，安然公司却成功地蒙蔽了公众很多年，因而，人们很难相信其他公司暗地里不会做同样的事情。

最佳做法

在良好的公司治理和商业道德方面的尝试上，有的公司十分出众。

通用磨坊

在通用磨坊，公司文化是基于商业道德和企业社会责任的。由于该公司遵循了标准并坚守核心价值观，因此在道德方面做得十分成功。该公司会向员工提供书面的道德准则，并要求员工维护公司的价值观。道德准则的内容如下：

- 我们坚决保证我们的产品、服务和客户关系的最优质量；
- 在我们工作的方方面面，我们都设定并维持最高标准；
- 我们本着诚实和有道德的态度，推动并发展我们公司，绝不会走捷径，违反我们的最高标准；
- 我们遵守公司所在国家的法律，认可并尊重世界各国的消费者和客户的文化、风俗和惯例；
- 我们会避开利益冲突，甚至努力避免让别人有冲突的感觉；
- 我们对自身和公司的诚信都有很高的期待，因而我们绝不会违背上述标准；
- 我们言出必行；
- 我们在意消费者、客户、合伙人和员工对通用磨坊的信任，我们绝不会故意或有意破坏这一信任。

惠普公司

另一家因杰出的公司治理和道德标准而蜚声海内外的公司是惠普公司。这是一家计算机及配件制造商。惠普公司设立了很高的道德标准，要求员工必须遵守。它在道德方面的核心价值观包括：

- 公司内部进行沟通和与公司合作伙伴、供应商及客户沟通时都要诚实，但同时要保护公司的机密信息和商业机密；
- 努力为客户提供优质的产品和服务，保证产品和服务的一流水平；
- 对自己的言行负责；
- 在处理与员工及公司所影响的社区的关系时，要有同理心；
- 要有公民意识，遵守业务所在国家的所有法律，重视环境问题，为社区提供服务，改善并丰富社区生活；
- 遵守所有适用法律、规定和政策，以及较高的行为标准，公正地对待我们的员工、利益相关方、公司合作伙伴、客户和供应商；
- 愿意寻求员工、利益相关方、公司合作伙伴、客户和供应商的意见，重视他们的反馈，尊重上述各方。

企业社会责任和公民意识

企业社会责任的定义是除了契约和法律义务外，一家公司对社会这一整体的责任。如今，许多公司都接纳了企业社会责任倡议，因为虽然短期来看，它似乎不能维护公司的底线，但它与公司追求长期的可持续性和盈利性的目的是一致的。企业义务被冠以很多名称，包括关键利他主义、企业公民意识、社会责任和其他许多名称。从这些词的表述可以看出，每个词都承载着对商业在这个社会中的作用的看法。

企业社会责任这一概念并不"青涩"，它不仅是影响战略和长期赢利能力的关键因素，还会转化为品牌商业方法论的必不可少的一部分。

品牌应对企业社会责任的方式由利他主义发展为真诚地参与商业活动。同时，它也是客户在做出购买决定时考虑的绝对关键的因素。

然而，在公司的关键责任被视作为股东提供金钱回报的企业中，有的承包商却无视企业社会责任。任何没有给组织带来直接金钱利益的都会被视作对公司资源的浪费。

鉴于针对企业社会责任的大型运动，组织的问题在于是否参与企业社会责任，而不是实施企业社会责任项目理想的路径。企业社会责任项目一般体现了组织的商业价值观和战略目标。企业社会责任涉及多个问题，包括但不限于以下内容：

- 不公平的商业行为；
- 公平的销售和定价策略；

- 生产或提供无害的产品或服务；
- 符合法律和规定；
- 安全、公平和相互尊重的工作环境；
- 公平合理的员工薪酬；
- 注重工作/生活的平衡和家庭第一政策的重要性，诸如有家事假、儿童保育等福利，并关注员工的身体健康。

环境影响

公司必须确保将其经营活动对环境造成的影响降到最低。这包括采取环保的生产方式，生产不破坏环境的产品。许多公司发现它们是可以做到既盈利又环保的。

市场和消费者

这包括确保消费者在使用其生产的产品时安全健康，还包括监督和处理消费者投诉。它还要求商业主体确保市场的公平，为消费者提供公平的选择权和产品定价。

社区参与

企业社会责任还包括在公司运营的社区中保持活跃的状态。可以开展的活动包括资助当地慈善组织，赞助文化活动或设立志愿者日，以此让员工走进社区并参与社区服务项目。组织也可以选择成立自己的慈善组织，诸如盖璞公司的盖璞基金会得以让员工参与慈善组织的工作。

另一个常被用到的词是企业公民意识，这一概念指公司坚持较高的道德标准和环保责任，提供安全且可靠的产品并努力改善社区条件。企业公民意识包含商业道德，但与企业社会责任类似，又不只限于法律和契约义务。

还有一个常被提及的概念叫作"三重底线"。这一概念的基础是公司应该像提升经营业绩一样，努力提升社会和环境价值。这三重底线是社会、经济和环境，而且它们之间是相互依赖的。但是努力提升社会和环境价值如何才能给公司的经济底线带来益处呢？这值得思考。

企业公民意识较强的好处

根据世界经济论坛上企业公民意识的商业案例，企业可以在以下八个方面从良好的公司治理和公民意识中获益：

- **声誉管理** 公司可通过遵守道德惯例以避免声誉受损；
- **风险预测和风险管理** 遵守更严格的政策（如环境政策）的公司不大可能会给投资者带来风险，因为它们不会用自己的声誉冒险；
- **员工的招聘、动机和保留** 作为优秀企业公民的公司对潜在的员工更有吸引力，声誉受损的公司很难招到新员工；
- **投资者关系和获得资产** 近来有研究显示，有良好环境政策和环保产品的公司能够提高每股利润，也更有可能赢得贸易合同；
- **学习和创新** 奉行企业公民意识原则可以带来创新并增强员工的创新积极性，因为它要求在提高公司底线的同时找到问题的解决方案；
- **竞争性和市场定位** 如今，绝大多数消费者不会轻信公司和它们的产品，所以，成为一个优秀的企业公民可以使公司更具竞争力，也有助于它在市场上的准确定位；
- **经营效率** 在环保方面更有效率经常意味着减少材料的过度使用和浪费，提高公司的底线；
- **经营许可** 与在公众心目中留下负面形象的公司相比，作为良好企业公民的公司，更有可能在疏忽的情况下获得第二次机会。

小　结

　　道德标准和企业社会责任是当今商业环境中非常重要的话题。随着安然公司和其他公司因道德问题而陨落，有的全球投资人不愿在美国市场投资。公司必须尽力遵循道德标准。这些道德标准是从领导层下达，由上而下推行的。很多组织发现成为良好的企业公民有助于维护公司的底线，而且如果出现了轻微的违反道德的行为，那么也可以发挥光环效应。公司逐渐意识到为了获得自身的可持续发展，它们必须具有更强的社会意识和环保意识。

| 第五章 |

谈 判

管理人员拥有高超的谈判技能十分重要，因为一般情况下，不论他们是否意识到这一点，管理人员每周都会花费若干小时与下属、供应商、贷款方、其他重要人员、子女、父母、亲属、汽车经销商或其他人进行谈判。决定支付新的办公室经理多少薪酬，或与客户决定去哪儿吃午饭都会涉及谈判。如果医疗费用100%由公司支付，那么办公室经理可能会选择降低薪资；如果中餐是下次会面的选择，那么客户可能同意这次吃墨西哥餐。成为谈判高手需要耐心、专注和灵活性，以及对个人谈判风格、案例问题和细节的清晰认知，同时还要清楚另一方的目的。

谈判应该是既有利益冲突也有共同利益的两个或两个以上的参与方之间，为了实现一方或两方的目标并达成协议而进行的非暴力沟通。简单来说，谈判就是得到你想要的东西的过程。著名的谈判权威人士加里·卡尔拉斯曾经说过："在生活中，我们得到的不是我们想要的，而是我们通过谈判获得的。"

关于谈判的错误认识

许多人害怕谈判，是因为他们对谈判持有刻板印象。虽然公司所有者将一半的工作时间都用在谈判上，但许多人仍旧不能适应这一过程。有的人担心他们会给另一方带来不礼貌、莽撞、不公正甚至低贱的印象。

关于谈判的一个普遍的刻板印象，是优秀的谈判者会采取的策略类似于二手车销售商会采取的具有欺骗性的和充满阴谋的老套手段。成为优秀的谈判者并不意味着你要做一个圆滑的或油嘴滑舌的话匣子。

与人们普遍的看法不同,谈判不应被视同游戏或战争。在游戏或战争中,双方的目的都是获胜,并摧毁另一方的精神。游戏或战争的最终结果是一方绝对胜出,而另一方彻底失败。而成功的谈判的结局应是双方都感到他们有所收获。

公司所有者不愿谈判的另一个原因是,他们觉得要在听从另一方和获得他们想要的东西之间做出权衡。常见的情况是公司所有者感到他们要屈从于另一方的要求,或者要采取强硬的措施避免冲突。这两种做法的结果要么是损害双方以后的关系,要么是被对方占了便宜。

性别和谈判

许多人一旦发现与他们谈判的对象是女性,就会感到比较轻松。因为他们认为女性并不像男性那样具有攻击性,因而不可能是一个成功的谈判者。这是另一种普遍的错误认识。女性常关注维护关系,而男性则关注尽快达成协议,但情况并不总是这样。有的男性十分有耐心,更关注达成满足各方期望的交易,而有的女性则更喜欢达成有竞争性和有胜负欲驱动的交易。

无论与你谈判的对象是女性还是男性,你都应该做好功课。你应该尽量多地了解对方团队的成员,与他们建立关系。如果有必要的话,你还要转变谈判风格,以适应对方团队的特点。

谈判的主要目标

谈判既不像游戏,也不像战争。它关注的是合作和签署使双方都能获益的协议。有效谈判的主要目标应该是达成双方都可以接受的交易,并且要在不使对方放弃交易或破坏有价值的关系的前提下达到目标。基本上,与某人谈判的全部目的就是取得比不谈判更好的结果。

谈判风格

谈判风格主要有两种：强硬和温和。强硬交涉也称作有立场的、激进、争执性或竞争性交涉；温和交涉又称关系交涉或合作性交涉。

强硬交涉者

简言之，强硬交涉者期望成功，为达到获胜的目标不惜撕破脸，破坏双方的关系。持这种谈判风格的谈判者不但自己不可能让步，而且增加了对方放弃交易或达成任何协议的可能性，甚至是关系严重受损或断交的可能性。

强硬交涉者只有在有助于他们达成目标的前提下，才会考虑满足对方的需求。他们通常会封锁重要信息，故意提供错误的底线数据，并粉饰实际情况。因为他们有偶尔为之的欺骗行为，因此他们一般不会相信对方。强硬交涉者表现出的其他特征有夸张的要求和威胁、缺乏耐心、采取压力战术或立场坚决。

由于这一策略几乎不涉及任何准备工作，因此许多谈判者都会采取这一策略。但是，这种谈判风格一般不能取得最佳的结果，因为它常常会"冷落"谈判的另一方，并且谈判结果很难使其得到满足。在决定采取这一策略之前，我们应该认真考虑下列三个问题。

- 对方不放弃谈判有多重要？
- 你有多重视与对方的关系？
- 谈判议题的复杂程度如何？

如果重视与另一方的关系，那么确保其不放弃谈判就很关键；如果涉及复杂问题，那么强硬交涉很有可能不会取得期待的结果。

温和交涉者

与强硬交涉者相反，温和交涉者的主要考量因素是找到抚慰各方的解决方案，维护或改善关系。然而，为了避免与对方的冲突，温和交涉者会迅速让步，做出妥协并同意明显不利于自己的条件。这一策略主要的不足就是温和交涉者常感到他们被对方占了便宜，或在谈判后感到不满和愤恨。温和交涉者通常更有耐心，方式迂回，性格随和，并且与强硬交涉者相比更可信。

所以，应该采取哪种谈判风格呢？强硬的还是温和的谈判风格呢？根据哈佛大学谈判项目主任罗杰·费希尔和谈判网络主任威廉·尤里的观点，答案是哪个都不可取。费希尔和尤里建议采取另一种谈判风格，称为原则式或双赢谈判。原则式谈判背后的主要理念是共同探寻双方的利益，并发现创造性的解决方案，使双方都能成为赢家。费希尔和尤里的原则式谈判的要点包括以下四个方面：

- 强调各方的利益，而非立场；
- 将人和议题区分开；
- 列出可满足双方利益的多种创意方案；
- 将最终结果基于客观标准。

谈判前的工作

理想的会面地点

如果已建立关系或之前有过谈判，那么通过电话谈判可能对各方来说是比较舒适的方式。如果是其他情况，那么亲自会面要优于电话谈判，因为它能提供观察身体语言及建立和保持眼神交流的机会。

如果约定要亲自会面，那么被选为主场的一方就更具优势。主场一方会觉得更舒服，并能确保获得上级的批准，而且如果有必要的话，还可以更快地获得批准。在对方的公司会面的主要好处是在回到自己的公司之前，谈判者都具备保留自己的决定的机会。当然，双方如果都不愿意在对方的公司见面，那么也可以选择一个折中的地点会面。

对谈判风格的反思

谈判者需要评估自己现有的风格和性格，才能找到改善谈判风格的方式。回想一下最近几次谈判，哪些战术是成功的，哪些地方还需要改善？使用了什么风格（强硬的还是温和的交涉技巧）？敏感问题是什么？谈判者需要回想他在不同情境下做出了怎样的反应，并反思和自省应如何做更好的准备，在专业地处理一切问题的同时，在谈判的过程中保持沉着冷静。在对付发脾气的人时，这种自省是一种优势。

设立目标

为了成为成功的谈判者，你的准备工作要充分，这很关键。费希尔和尤里建议将一半的时间用于谈判准备工作。

从根本上讲，首先要决定的事就是主要目标——谈判者想从谈判中得到什么。主要目标应讲求实际并能够达到。例如，如果主要目标是雇用新的办公室经理，那么公司就要考虑这一目标制定的主要情况——只将该目标模糊地表述为"谈判目标是填补办公室经理这一职位的空缺"没有任何用处。这一目标需要进一步的解释，例如，雇用新的办公室经理，月薪为4 000美元，公司支付75%的医保和牙科保险，第一年提供10天的假期和5天的病假，薪资占公司401（k）计划的3%。

研究对方团队成员及其性格

一旦明确了目标，谈判准备工作的下一步就是收集有关对方团队成员的性格信息。如果之前与对方没有建立联系，那么你们就要在谈判前进行一两次会面，建立关系。你可以在某个下午进行非正式的午餐会面。如果不可能在谈判前与对方相应人员会面，那么你也可以考虑给其助手打电话，收集更多的相关消息，使对方在谈判中能够更加舒适。你可以询问其助手他们喜欢的食品和饮料，在谈判前预先准备好这些东西。

同时，你还要想想如何在谈判开始时就获得对方的注意。双方有何共同点？可能你们都喜欢徒步旅行等运动。这样，你们可以有机会讨论旅行路线和经历；如果对方代表喜欢打网球，问问他最近打球的情况，或他打得怎么样。

对方是否使用了强硬或温和的谈判风格？可以相信他们吗？他们预计的谈判时长是多久？有可能找到公正的第三方提供有关对方的信息吗？为什么他们会采取那样的行为？他们是否失去了耐心？他们是否要求过多？

你发现对方的信息越多，你为谈判就准备得越充分。这可以增强你在整个谈判过程中的信心。

列出设想清单

谈判高手意识到人们有时会将设想误以为事实。当我们与对方第一次谈判时，我们可能会设想他们的有些表达、用词或身体语言的意义。请要求对方解释清楚！不要自己猜测。列出对谈判的设想清单，并搞清楚不明白或不确定的地方。

收集信息，进行调查

下一步包括尽可能收集有关谈判主题的信息。比如，一家比萨店店主想与所租用的店铺的房东商谈租金。为了说服房东相信自己的要求是合理的，比萨店店主需要提供支持数据。

例如，如果店主想以去年的价格续约，那么他就需要证明为什么房东提高租金是不公平的。在谈判前，值得调查的问题包括饭店周边的类似房产的租金、所在区域饭店的房屋占用率、上一年所在区域新饭店的开业率和租金增长的平均金额。这类信息通过搜索网络，查询当地社区图书馆，询问房屋租赁中介或该区域其他房产所有人都可以得到。这个比萨店店主应该了解当前房地产业的情况。另一个获得房地产业最新消息和信息的途径是阅读商业出版物，或访问房地产业协会网站，查阅近期的文章。

关注对方的利益，而不是已申明的立场

重要的是要找到双赢的解决方案，要在谈判结束后让双方都满意谈判结果。如果对方不满意，那么会造成负面影响。例如，如果客户感到他被骗了，那么组织就会失去这一客户和未来的很多客户。如果新雇员感到被骗，没能拿到更高的工资，那么他要是在几个月后找到工资更高的职位，他就会立即辞职。组织花费在培训上的时间和金钱就会因此而被浪费掉。让对方感到不满、受骗或被欺诈，不仅会破坏双方的关系，还会使业务遭受风险。

准备谈判的下一步是从对方的角度考虑谈判。你要站在他们的角度考虑事情并完成工作。他们会问什么问题？你要准备好回答这些问题。

虽然询问对方想要什么似乎是最重要的问题，但罗杰·费希尔表明我们还要关注对方的根本利益，这个问题更为关键。为什么他们想要得到这个呢？你要站在他们的立场考虑问题，确定是什么促使他们坚持这一立场。

有一个经常被人们提及的预言可以很好地说明谈判为何要关注对于对方来说真正重要的是什么，对方想要"赢得"的关键诉求可能并没有看起来那么明显。

一个叫莉萨的工人在当地的杂货店发现了一包橙子，共有30个，正在售卖。她只需要其中的10个，所以她将剩余的20个橙子带到单位，同想吃橙子的同事一起分享。卡伦和安娜想要橙子。在商量了几分钟后，他们决定每个人带10个橙子回家。

卡伦想要橙子是因为她想榨汁；安娜想要橙子，是因为她想把橙皮磨碎，做橙味松饼。如果卡伦和安娜关注了对方的利益（一个人只想要

皮，而另一个人只想要汁），那么她们就可以分了这20个橙子，更大程度地达到各自的目标。由于任何一方都没有问对方想要橙子的原因，因此卡伦和安娜还要去趟超市。安娜的食谱需要20个橙皮磨成的粉，而卡伦则需要为家里的5个人准备早餐的橙汁，也需要20个橙子榨汁。如果她们关注了对方的利益，那么各自就不用再去杂货店了，卡伦的橙皮和安娜的橙汁也就不会被浪费掉。

不要设想每一方的利益和动机都涉及金钱。我们来看一家小型市场调研公司，它正在寻找新的项目经理。该公司的老板已经完成了面试，正与一位很有希望的候选人商谈聘用协议。当该公司向候选人提出年薪为50 000美元时，这位候选人要求年薪为55 000美元。该公司的老板意识到这位候选人在乎的并不是钱，于是问他为何多要5 000美元。这位候选人认为额外的5 000美元是用来弥补他"勉强"接受的项目经理这一头衔。因为这位候选人已经具备了10年的项目管理经验，因而认为他的头衔应为项目主任，而不是项目经理。此外，这位候选人正在考虑申请当地大学的高级管理人员工商管理硕士夜间课程，因而认为项目主任这个头衔会更受大学的青睐。了解到这一背后的动机后，该公司的老板同意改称项目主任，并约定年薪为50 000美元。

再举一个例子：

老板：根据我们这几天的交流，我想为你提供的工作条件是年薪44 000美元、10天假期和5天病假。

员工：说实话我没想到。我原以为年薪应该在50 000美元左右。

老板：你为什么要求50 000美元的年薪呢？

员工：近几年我一直都是自由职业者，已经习惯有更多的假期。虽然我全年大多数时间都在努力工作，但我也能抽几周的时间去国外旅游一次。如果我一年只有两周的假期，那么我旅游的时间相比以前就少了挺多。所以，如果我不能像之前那样旅游，那么我至少要多挣点钱吧。

老板：我明白了。那这样怎么样？我多给你5天的假，这样你就有15天的假期。除了这15天的假期，你还有5天的病假。如果你一整年都没有生病，你在最后一个季度可以把它兑换成假期。所以，如果你不生病，那么你前3年每年就有20天的假期！如果你为我工作满3年，除20天的假期以外，我会再给你加5天的病假。而且以一个季度为周期，你可以选择从星期一工作到星期四，或从星期二工作到星期五，每天工作10个小时，这样就可以有一个比较长的周末。我觉得这样不错。你觉得呢？

员工：可以。只要我有足够的假期去旅游，44 000美元的年薪也不错。

老板：太好了，欢迎加入我们！

乍一听，好像双方想要的东西截然不同，也没有什么利益共同点。但是，一旦发现对方及其目标背后的动机是什么，双方的利益共同点好像就比不同点要多了。让我们再来回顾一下那家小型市场调研公司和新雇用的项目主任的例子。那家公司的老板和这位新员工的共同利益有几点。第一，他们都想公司运营良好，也都依赖于公司的销售额来赚钱养家。第二，他们都想要稳定。老板想要公司发展，想要留住有价值的员工。公司不想把他们让给竞争对手，因而就要向他们提供有竞争性的工资、假期和福利。新的项目主任同样寻求稳定的工作，不想换工作，不愿为了高薪和好福利而每隔几年就搬一次家。老板想让他满意自己的工作，这样他就会留下来，而项目主任则希望老板能成为自己未来的推荐人，或成为自己的人脉资源。

采用客观的标准

为了说服对方相信你所提的要求是公平合理的，如有可能就应采用客观的标准。在与未来的员工谈判的过程中，雇主希望尽可能地压低薪酬，而员工则希望尽可能地提高薪酬。最简单的解决方案就是采用独立的客观标准，这样也不会因为觉得另一方虚伪做作而争论不休。独立的客观标准包括市场价值、重置成本、折旧账面价值、可竞争价格、针对类似情况的先例、科学的评判、职业标准、道德或伦理标准或政府标准。采用客观标准可以减少谈判耗费的时间，因为这一标准公平合理，更容易被对方接受。

如果对方主动支付或接受某一具体金额，那么你要询问他是如何得出这个数的或为什么是这个数。他是否采用了客观标准？如果是，那么采用的是什么标准？如果没有，你不妨建议他采用客观标准，以消除偏见，维护公平，创造双赢的局面。如果对方不能详细说明如何得出这一金额并拒绝让步，那么公平的做法就是双方求同存异，暂停谈判。但是，如果价格公平并基于可信的客观标准，那么当遇到合理的要求时双方就应持开放的态度。下面来思考一个例子。

医生：我很高兴地通知你，我见了与你一同参加面试的其他人，并决定向你提供45 000美元的年薪。

员工：这个金额是怎么计算出来的？

医生：我们认为这很公平。人力资源部门称本市与你资历相当的儿科护士的平均工资为43 789美元。我们给的工资不仅超出了平均数，还提供其他福利。大多数医院只给护士2周的假期，而我们给你3周。你还可以立即缴纳养老金，而不用像其他诊所那样等待半年的时间。除此之外，我们护士中的大多数都已经在这里工作了10年以上。我们诊所护士的平均任期是14年半。在过去的5年中，每年我们都会请市场调研公司来做员工满意度调查。根据去年的调查结果，92%的员工都对工作满意或十分满意，94%的员工对福利满意，而90%的员工对老板满意。我们非常重视员工，而且我认为他们也认同这一点。

员工：听起来像是护士们一旦选择在你们这里工作，就不想再去其他地方了。

医生：确实如此。在本市我们医院是护士留职率最高的医院。

员工：既然你说了员工在这里工作都非常开心，我想我也在这里工作吧。

医生：很高兴听到你这么说。我会通知人力资源部门，让他们在今天之内给你寄送相关文件。你应该在本周内就会收到。

列出有创意的方案清单，满足双方的利益

一旦知道了对方真正想要的是什么，你就可以开始列出有创意的方案清单，以满足双方的利益。记住，如果只有一方的利益得到了保障，就有疏远另一方的风险，进而有可能让他们失去耐心并放弃谈判。

对于一场重要的谈判，可以考虑费希尔和尤里的建议，与其他5~7名同事进行一次谈判场外的头脑风暴，这有助于形成完整的清单。在画架或白板上列出头脑风暴的想法，不论实际与否，把所有想法记下来。提醒参与者所有想法都必须是双赢的解决方案。谈判小组在谈判前再次会面时，可以把不实际的想法排除，选择可供谈判讨论的最佳方案。

要确保所有选出的方案满足以下人类的基本需求，促使人们乐于选择，这样才能更快地达成共识：

- 降低风险，安全可靠——工作保障；
- 归属感——在家和工作时非常适应具体的角色与责任；
- 经济保障——能够应付基本的生活需求（吃、住等）；
- 认可和支持——在完成有挑战性的工作时，感觉受重视；
- 能够控制自己的生活——按照内心希望的方式管理、安排和经营自己的生活。

思考以下例子。

员工：感谢你同意见我，与我讨论明年加薪的问题。

老板：我希望你知道你是我们公司重要的财富，我感谢你在这里所做的一切。我想你今年的评估非常顺利。为了嘉奖你努力工作，我已决定给你加薪8%。

员工：感谢你为我加薪8%，但是我原希望你会给我加薪15%的。

老板：能告诉我原因吗？

员工：我真的喜欢我的工作。但是，每天下午3:30~5:30我都要把我的孩子放在日托，这笔费用太昂贵了。我原希望加薪15%，这样我就可以负担日托增加的成本。

老板：我看我能做些什么。让你有灵活的工作时间可以吗？或许你可以在工作日每天从上午6:30工作到下午3:00，午休30分钟。这样，你每周仍可以工作40小时，也有时间接孩子放学回家，还可以多陪他们。如果孩子放学后你能在家照顾他们，那么你就不用把他们送到日托了，也就省去了一笔开支。

员工：这是一个好主意。8%的加薪也不错，谢谢你。

老板成功地满足了自己只为员工加薪8%的需求，也解决了员工日托成本增加的问题。最终，双方都觉得自己是赢家。

确定己方和对方的最佳替代方案

为了更好地谈判，关键是要在谈判前确定最佳替代方案是什么。最佳替代方案这个词是由费希尔和尤里创造的，意思是达成谈判协议的最佳替选项。如果双方不能达成协议，那么最佳替代方案是什么？了解最佳替代方案能够帮助你思考到哪个程度，对方提供的交易条件就不再有利。记住，与别人谈判的全部意义就在于得到的结果优于不谈判得到的结果。所以，你如果有可能获利，就再考虑达成交易。

例如，我们思考这样一个例子。一家位于爱达荷州博伊西的小型广告代理公司正在为自己最大的客户之一寻找一位有经验的客户主管。老板对一位应聘者很感兴趣，正在商讨就职条件。对于老板有利的是，列出不雇用这位应聘者的众多替代方案，然后从中选择最佳方案。

如果老板的最佳替代方案是雇用曾是中介公司员工的自由职业者，直到找到长期雇员，那么请记住要保持更坚定的立场。这个人几乎不需要培训，因为他熟悉中介的工作方式并且能立即投入工作。但是，如果老板没有任何其他打算，要发布该职位的招聘广告，征集简历，并且该项目的正式起始日期是下周，那么老板的最佳替代方案较弱。

你一旦确定了最佳替代方案，就要开始考虑对方的最佳替代方案。记住，有最强的最佳替代方案的一方通常是在谈判过程中占据更有利位置的一方。在这个案例中，如果潜在候选人有其他工作，而且其第二方案是在找到合适工作之前不找其他工作，那么与之相比，该候选人有更强的最佳替代方案。

谈判过程

一旦谈判过程启动，在相互介绍后的第一步应该是让对方感到轻松。如果会谈是在一方的公司进行的，那么东道主要确保房间温度适宜。如果合适的话，还要为客人提供咖啡、水或其他食品。带客人参观公司，让他们知道卫生间、电话和电脑（如果有的话）在哪儿，以方便他们使用。大家都感觉舒适后，就可以基于谈判前准备阶段的调查结果开始闲谈。聊聊你们共同的兴趣，问问他们的孩子，或者谈谈他们的爱好或其他兴趣。

做一个好的倾听者

主动倾听的技巧对于成为一个谈判高手而言十分重要。做一个好的倾听者很具挑战性，因为谈判过程中会有不同程度的压力。另外，倾听还需要注意力集中和耐心。虽然你可能很想打断说话者，但要有耐心，要注意倾听说话内容。许多人觉得集中注意力很难，因为他们往往会忙于思考自己该怎么回应讲话者。有了耐心和谈判前的准备，谈判过程中的倾听这部分任务就很容易完成。

向对方证明他们的立场和语言都得到了足够的重视是十分有益的，这对于对方而言是一个重要的信号，有助于产生信任感，而且更重要的是，他们会以相同的方式来回应你。为了避免对方感觉他们所说的话对你而言是"左耳进，右耳出"，你要表现得非常感兴趣，并且要使用肢体语言表明你正在倾听，例如头部微倾、点头。

说出"继续"或"我明白"等词句是有效地向对方表明我们理解他们的有效方式。让对方明白他们的交流内容获得了理解的另一种方式是，以简洁的方式复述对方说过的话。虽然主动倾听他人并不意味着赞同，但还是要确保对方明白我们清楚地了解了他们的立场。认可对方的情感，可以让他们感到更加舒适，这样双方更容易进入解决问题的阶段。

倾听别人说了什么是一个好的开始，但你还必须注意肢体语言。讲话者是否在避免眼神交流或坐立不安？从他的肢体语言看，这个人可靠吗？李·米勒是先进人力资源集团的总经理，他说表达怀疑的肢体语言包括摸鼻子、摩擦耳朵、用手指梳头发或转过身不看你。

如果说过的话仍有不清楚或模棱两可的地方，请对方澄清一下。开始讨论某件事后，你可以用简洁的方式重复这件事，以确保没有误解。

如有必要，转变谈判风格

如果有必要的话，那么可能需要转变谈判风格，以匹配对方团队的特点。例如，如果一方的策略比较间接，但另一方在会议一开始时就开门见山，那么这个时候可能就需要向较直接的方向转变。如果对方侧重分析，那么你就采用数字、图形和表格，以对方更容易理解的方式说明观点。

人事分离

费希尔和尤里认为人们会在谈判和己方立场中过多地掺杂情感因

素。当对方攻击他们的立场或观点时，他们会感觉好像遭受了人身攻击一样。我们一定要将对方的人和事件本身区分开。我们不会在攻击对方时说"你们公司骗了我"，而会说明对方行为造成的情感影响："我感到失望。"

在他们讲话时，主动倾听，认可他们的情感并真诚地努力理解他们的观点，是确保人与事分离的可取方式。即使人们在谈判中变得情绪化，重要的是，哪怕他们看起来怒不可遏或不可理喻，你都要尽力认可他们的情绪，可以说一些简单的话，诸如"我明白你为何生气"。如果你没有注意到他们的情绪，就会导致他们感到被孤立，或有更激烈的反应。

自信、坚定但不苛刻

在谈判中保持自信的一条途径就是练习、练习、练习。例如，下次有不重要的谈判场合时，练习一下倾听的技巧，比如你去修车时。由于每天我们都在与家人、朋友或陌生人谈判，所以我们有充分的机会去练习。

展示控制力的另一条途径是展现积极的身体语言。李·米勒建议与他人有直接的目光接触，站直或坐正，微笑，用适中的音量、音调和音高，以及降低语速。避免说"我本应该在这一领域再多做一些调查，但是……"或"虽然我没有在座的各位有经验，但是……"这类语句，否则可能会给别人留下你不确定你正在说的内容的印象。不要用可有可无的语气提出自己的诉求，诸如"我能要……"，而应使用更自信和更肯定的句式，诸如"我想要……"。

保持耐心

时刻保持平静和耐心是很重要的，尤其是当对方大喊大叫、进行人身攻击或采取情绪化的行为时。虽然在紧张的形势下保持冷静十分困难，但还是要通过认可他人的情绪状态和试图理解他人的观点的方式来安抚对方。之后，再进行15分钟的短暂休息。这个人很可能只是需要承认、安慰、安全感、尊重，或者只是过得不太愉快。这一部分的理念就是"用善良搞定他们"，并且以后避免旧事重提，要给对方留面子，避免尴尬。

问问题

即使有做充分的准备，任何人也不可能面面俱到。问对方问题，了解他们的兴趣点，搞清楚他们先前提到的但并不清楚的地方。

当你问问题并试图了解对方在想什么时，你要确保所问的问题是开放性的，而不是只需对或错就可以回答的问题。只有这样，这些问题才能让对方为我们提供更多的信息。开放性的问题一般开头都包括"谁""什么""什么时候""为什么""哪里""说个……的时间""请您说明""请告诉我"等语句。

当对方已经回答完问题时，你不要立刻就问另一个问题或发表观点。几秒钟令人尴尬的沉默，就足以让人感到不舒服，可能会促使他们继续说话，而这可能会帮助我们从对方的话中得到更多的信息。

别害怕放弃谈判

有时，即使我们尽职地做了工作，了解了对方的观点和兴趣，找到了多个考虑双方利益的创造性解决方案，还是有可能与对方不能达成协议。虽然有时候人们可能非常想签署协议，尽快结束谈判，再去解决其他棘手的问题，但还是要保持耐心。如果正在谈的条件比最佳替代方案还要差，那么你就别害怕放弃谈判。

有时，当面临被抛弃的情况时，对方会重新考虑协议（但并不总是这样）。记住向对方提出的条件是要有价值的。否则，为什么对方还要花这么多的时间来谈判呢？事实很可能就是对方会发现价值，也是时候继续了。

肮脏的谈判技巧

毁掉谈判的方式有很多种，所以了解、更重要的是应对对方可能会采取的"肮脏的技巧"是非常有用的。

步步为营

虽然原则式谈判是理想的谈判战略，但有时，对方声称采用的是原则式谈判，但在谈判过程中却开始采取狡猾的谈判技巧，例如采用虚假数据和撒谎。在这种情况下，你应该指明他们正在使用的肮脏技巧，提出反对意见，牢记他们的兴趣，并坚持使用客观的标准。虽然这说起来容易做起来难，但还是要在遇到"肮脏的战术"时控制自己的情绪。虽然遇到攻击时进行反击是人类的天性，但人们有可能因此说出之后会后悔的话。在很多情况下，这正是对方所期待发生的事情。因此，我们应该保持微笑，努力放松，不要因此退缩。

在就对方狡猾的行为进行有礼有节的回击之后，你可以继续进行谈判。你要注重人、共同利益、有创造性的方案和客观标准。如果不能达成公平的协议，那么你可以评估最佳替代方案并考虑放弃。

我们来看一个例子。3天前，一位花店老板与一个卖花瓶的人商定了合同。花店老板在某一天要与卖花瓶的人会面并签订纸质合同。当会面开始时，卖花瓶的人说："我同意合同上的所有内容，但当我把它拿给老板审批时，他告诉我公司现在规定30天后付款，而不是45天。"在谈判快要结束时一方"给自己的条件加码"，这就叫步步为营。在这种行为被指出并公开之前，采用此种策略的人会继续这么做。

应对肮脏技巧的关键就是将人和问题分开。在这个案例中，老板不应说："你骗了我！我不会再跟你们这些骗子签合同！"而应该试着说："我们还在谈判，这件小事我们也不太满意。如果你保证6月底之前价格不变，那么我们就在收到花瓶后30天内付款。怎么样？"或者也可以说："你看，这项协议已经获得我们两方很多人的支持。我们都已经认定了这是一个公平的合同，我想我们还是不要更改了。"

唱红脸/白脸

唱红脸/白脸这一常规行为常见于描写侦探和警察的电视节目或电影，一般包括两个人。唱红脸的比较苛刻、不讲情面、严厉；而唱白脸的则比较友好，看起来更急切地想达成交易，似乎会因为搭档严苛的行为而感到不好意思。虽然两个人合作，但唱白脸的会试图与对方达成交易，而不与唱红脸的协商。应对这一技巧的最好方式就是确认这一战术，并引起对方的注意。"看起来你们没有达成共识，或许今天你们两个需要几分钟的时间理顺思路。我们不如休息15分钟，你们也可以商量一下。"

最后通牒

"要么接受，要么放弃"这一技巧常用于威吓对方，逼迫对方尽快签署协议。对付这一策略的最佳方式是直接忽视，并继续令人更加舒适的谈判程序。

授权有限

在与某人谈判时，如果他说在某个问题上没有约定或签字的授权，那么他使用的一定是授权有限这一计策。无论这一计策是预先策划好的，还是有理由的，得到的回应都应是："我理解。那我们与在所有问题上有权定夺的人谈吧。"

迟到/长时间的中断

等某人开会或开会被爽约，不仅令人恼火，有时还会被用作谈判的诡计。你自己都会产生疑问："我按时到了吗？是不是我们应该在今天早些时候见面？是不是我的日程写错了？还是我们应该明天见面？"

而另一种情况则是对方虽然准时到达，但打断会议进程，看起来也无意继续开会。比如，有人在谈判中接了一个电话，并且持续打了30多分钟，而其他人却在会议室等他。这一系列策略都是为了让另一方感到担忧和气恼。应对这一策略的解决方案是公开宣布："你今天明显有其他事要处理，我不想在此时乘虚而入。我们改个时间再见吧。"这一方法对事不对人，并且使他们也无法再实施此类计谋。

运用数据

如果对方做了功课，那么他们应该有足够的理由说明为何要求这些条件。但是，要注意对方信息的来源。来源正当，并不意味着信息就有意义。互联网可以提供大量的正确信息和错误信息来支撑多种截然相反的立场。例如，我们再来看看前述的那家位于爱达荷州博伊西的广告公司的例子。老板正在面试一个应聘初级打字员的、刚从大学毕业的求职者。当问到这位应聘者期望的薪资范围时，他回答说期待的范围是40 000 ~ 45 000美元。当老板问他依据时，他拿出了在全美工资调查网站上找到的工资数据，但是这一数据对影响博伊西的地方劳动市场条件并无实际意义。由于这一结果只包括全美国的数据，而非地方数据，因此与博伊西一地的工作条件并无联系。

小　结

成为一名成功的谈判者，采取原则式谈判方法需要辛勤的工作和准备。但是，在谈判结束后，知道双方都心满意足也是十分欣慰的事。在谈判过程中，要记住应发现对方的驱动利益，制定具有实际意义的目标，并说服对方采用客观的标准。如果另一方使用了诡计，那么要敢于质疑，并注意直击问题本身（而不是人），保持淡定和自信并继续谈判。

附录　谈判中的"要"与"不要"清单

谈判中的"要"

- 要有好的姿态；
- 要降低语速；
- 要微笑；
- 要保持饱满的精神；
- 要正视对方的眼睛；
- 要语言简洁；
- 要问开放式的问题，不能只用是或否回答；
- 要做好的倾听者——澄清、鼓励、赞赏他们的努力，承认他们的感情并予以总结；
- 要想出有创意的解决方案；
- 要问你想要什么；
- 要意识到你拥有有价值的东西；
- 要愿意放弃；
- 要努力取得双赢的谈判结果；
- 要知道对方想要什么；
- 要站在对方的角度，眼光长远；
- 要知道你的最佳替代方案；
- 要确定对方的隐含利益；
- 要询问理由，要求解释；
- 要问问题；
- 要将人和事区分开来；
- 要采取客观的标准；
- 要行事灵活，思维开放；
- 要可信——采用事实和其他佐证；

- 要展现自信；
- 要注意音调；
- 要做出权衡；
- 要做笔记；
- 要建立关系。

谈判中的"不要"

- 不要威胁；
- 不要退缩；
- 不要打断别人说话；
- 不要喊叫；
- 不要讽刺他人；
- 不要在他人面前批评别人；
- 不要攻击他人；
- 不要侮辱或轻视他人；
- 不要让他人有负罪感；
- 不要板着脸；
- 不要哭；
- 不要辱骂他人；
- 不要轻易气馁；
- 不要乞求他人；
- 不要抱怨；
- 不要针对个人；
- 在你感到愤怒、压力大、疲惫或生气时，不要谈判；
- 不要使用技术术语；
- 不要占着位置不做事；
- 不要给别人下最后通牒。

MBA IN A DAY 2.0

**WHAT YOU WOULD LEARN AT
TOP-TIER BUSINESS SCHOOLS**

(IF YOU ONLY HAD THE TIME!)

第二部分

货币：经济学、财务和会计学

| 第六章 |

会计学基础

会计是记录、分类、汇报和分析货币的过程。会计师收集并记录会对公司造成经济影响的所有交易、运营和活动。会计师也会参与其他在金融方面会影响公司的活动，例如估算新的创业项目的成本，参与兼并战略的制定，进行质量管理，追踪公司的财务表现，以及检视公司的税务战略等。

虽然每个公司的会计规定都不相同，但所有组织都需要一种记录组织内现金流的方式。组织内部财务和会计职能部门的责任或首席财务官的职责包括：

- **协助公司运营**　负责工资事宜、采购、现金收取、现金支出；
- **管理控制**　衡量实际业绩与目标和期待的差距；
- **管理层决策**　分析现金状况，以便做出决策；
- **外部财务报告**　根据一般公认会计准则准备财务报表，以供审计；
- **纳税申报**　联邦和州的所得税、财产税、销售税和工资税。

会计和财务工作并不能靠直觉完成。许多小型公司会雇用会计来设立和管理自己的账簿。其他公司还会使用会计软件，如QuickBooks。

会计是对财务数据的定期汇报，其工作内容包括：

- **公司交易**　公司日常会在销售日志、现金收入日志或现金支出日志中记录交易情况；
- **将借贷款项计入总分类账**　最新的总分类账会显示应付款项、应收款项、所有者权益和其他账目的实时信息；

- **调整总分类账**　总分类账的调整可以使公司解释未计入日志的条目内容（诸如坏账和应计利息或税款）——通过调整录入条目，公司可将每一会计期的收入与支出相匹配；
- **结账**　所有收支结算完毕，净利润也已过账计入所有者权益账户后，需要做到收支平衡，而后再开始新的会计周期。

建立会计系统的第一步就是决定记录什么，这时就需要会计科目表。会计科目表只是各类支出、收入、资产和负债的清单，组织需要用这一清单来记录、分类和审核会计系统中的条目。无论采用人工还是软件来记录，组织一般都要制作符合自家公司特点的会计科目表。

账号可用作简单的账目识别系统。对于大多数公司而言，3位数系统就足够了，4位数系统有时可用于业务比较复杂的公司。

会计科目表是建立会计系统的基础。第一次，一定要注意准确建立会计科目表。尽可能简洁地记账，在编号系统中留下充足的空间，以备之后增加账户。

在设置会计科目表之后，下一步就是建立总分类账系统，这也是为了保证会计系统日常运行的动力。

现金会计制度与应收应付制会计制度

记录公司流入和流出的金钱的两种主要方法是现金会计制度和应收应付制会计制度。多数小公司都会采取现金会计制度，在会计报表中，收支按照实际发生的情况记录和总结。而在应收应付制会计制度下，账目是按照应该担负的权责来记录的，但是在具体记录过程中，会计人员则要根据预定时段内收支匹配情况来考虑收益和支出发生的时间。

应收应付制会计制度

在采用应收应付制会计制度的组织中，会计人员记录对组织造成影响的收入和支出，而不是实际发生的收入和支出。在实践中，如果你的公司要记录当前的存货清单或处理借贷中的交易，时间标准的不同就很重要。例如，一位顾问在1月完成一个项目，但当时并未得到薪酬。但其服务的公司则承认与合同相关的所有应付支出，而不管该顾问的薪酬有没有支付。即使在次年2月才会得到收入和支出账单，收入和支出也会记录在当前的纳税年度内。应收应付制会计制度更好地反映了收入和支出影响组织财务状况的方式，并能体现收支的匹配情况。会计方法的一个重要原则就是，财务事件的成本和收益能否在它们实际影响组织财务的时段内实现匹配。

现金会计制度

采用现金会计制度的组织会根据实际发生的收入和支出进行记录，而不考虑给组织带来实际收益的时间。我们还用咨询公司的例子。该公司直到咨询任务结束才会得到酬劳，但支出在任务执行的过程中就实际发生了。这笔费用会在几个月后实际支付后才会在现金会计制度的账簿上得到体现，而应在项目完成时就得到的收入也会在几个月后存入公司银行账户时才会得到体现。

现金会计制度通常应用于成本较低、结构简单且采用基本财务记录方式的小型组织。

复式簿记

一家公司如果没有记录和追踪资金流的系统，就不能准确地做出清晰的经营决策。为了公司的有效运营，公司必须确保通过运营、筹资和投资活动而流入的现金与因支出而流出的现金保持平衡。

为了做到这一点，会计就要使用复式簿记系统，将流入和流出公司的资金计入借方（减去）或贷方（增加）。复式簿记需要每项交易有两个条目，这有助于比较核对和减少错误。在每项财务交易记录中，这个等式需要时刻保持相等。

资产=负债+所有者权益（资本）

资产是一家公司所拥有的东西，例如设备、建筑和存货。对资产的所有权包括负债和所有者权益：负债是公司所亏欠的东西，例如应付票据、商业应付款项和债权；所有者权益代表了所有者对公司的所有权。

复式簿记系统有助于制约和平衡，能够确保账簿收支平衡。每笔交易都有借贷双方，其总资产等于负债和所有者权益之和。

借款和贷款

了解借款和贷款对有效利用会计系统至关重要。总分类账的每条会计条目都包括借、贷两项。此外，借款项总额必须等于贷款项总额。如果不相等的话，那么复式簿记系统就不能保持收支平衡了。因此，会计系统必须有一个机制来确保所有的条目收支平衡。的确，大多数自动的会计系统不允许收支不平衡的账目出现，它们会一直发出警告直到错误得到修改。

根据会计系统的种类，借款和贷款就是增加或减少账户的结余。一个账户有所增加，就会有相应的一个账户减少（相等的值）。这样，才能确保账目收支平衡。

资产和负债

资产负债表说明的是一家公司的资产和负债情况。资产是一家公司所有的有价值的东西。一家公司的资产会列在资产负债表上，与其负债相抵。资产可能包括工厂、土地、货物、车辆和其他物品。有的资产（短期资产）很容易估值和清算，如现金；而有的资产（长期资产）则很难估值，清算的时间也较长，如建筑和农田。这两类资产并称有形资产。

像宝马等有价值的品牌名称之类的无形资产并不出现在资产负债表

上，但它们的确为公司的价值做出了贡献。公司的无形资产还有很多种类。专利、商标的独家使用权及通过收购另一家公司而获得的商誉都是无形资产。通常情况下，无形资产的价值是双方在创造资产时共同约定好的。就专利而言，其价值常与开发成本相关。

商誉代表着公司收购价格和被收购资产价值（累计折旧净额）之间的差别。资产是公司所有的有价值的物品。由于公司有权以后收取钱款，因此，即使现在没有真正掌握在手里的资金（如应收款项）也是资产，因为公司对客户所欠的款项（资产）享有所有权。

理清负债

与资产相对的就是负债，它是一家公司对另一家公司应付的债务。应付款项属于负债，代表着公司未来对卖方应付款项的义务。银行贷款也是如此。在资产负债表上，公司将负债分为短期债务和长期债务。长期债务（1年以上应还的款项）和短期债务（1年以内应还的款项）都属于负债，因为它们都是公司应担负的责任。

所有者权益

所有者权益等同于资产和负债之差，它就像负债一样，可以增加或减少。所有者权益包括合伙人的资本账户、股票和留存收益。股东权益是在出售资产和偿还债权人之后（如果资产的售价超出需向债权人偿付的额度）属于公司所有者（普通股持有者）的东西。

留存收益是向普通股持有者支付分红后累积的收益。在每个会计年度的年末，所有的收支账户都要相互比较，得出的差额（该年度的盈利或亏损）会计入留存收益账户。

收入和支出

会计科目表之后的内容就是收入和支出账户。大多数公司都想记录收入来自哪儿，支出流向哪儿，以及（可能）有多少剩余（收益）。

收入账户

公司可能会根据不同的收入获取种类来建立收入账户。这样一来，它可以清楚地显示收入的来源，也可以将不同来源的收入合并在一起。收入账户可能包括：

- 销售收入；
- 利息收入；
- 资产出让收入。

支出账户

多数公司都会对发生的每类支出设立专门的账户。公司可能每月都会发生相同的支出，因此公司一旦成立，每月的支出账户不会有太大的差别。典型的支出账户包括：

- 工资和薪水；
- 通信费；
- 公共事业费；
- 维修费；
- 维护费；
- 折旧费；
- 摊销费；
- 利息；
- 租金。

总分类账

一家公司财务记录的核心部分就在总分类账这部分。这类记录构成所有金融交易的核心账目。总分类账是公司财务报表不可分割的一部分。

对于任何公司而言，两个主要的财务报告就是资产负债表和损益表（收益表）。这两份表格都是从公司的总分类账中直接得出的。会计科目表中的每个账目都会被纳入总分类账，其设立的顺序与会计科目表一致。

如果公司规模不大，而且采取现金会计制度，那么总分类账可能只是公司的支票簿。支票簿包括对于总分类账至关重要的四条信息：累积的现金余额、入账日期、入账金额和入账目的。

总分类账重要的组成部分是原始凭证。原始凭证的两个例子就是给客户的发票副本和从供应商处获得的发票副本。原始凭证十分重要的原因在于它们提供了审计的依据，有助于之后回顾并研究公司之前的金融交易。例如，一位客户可能声称他们没有从你那里得到发票，而如果你有原始凭证，就可以证明相反的情况。重要的是，原始凭证是会计在纳税时间内按规定应保留的文档之一。其他原始凭证还包括已付支票、公共事业费账单、工资税记录和贷款证明。

所有的总分类账的账目采取的都是复式簿记法。由于公司的每笔交易中，资金（或承诺支付的资金）都是从一处流往另一处的，因而这种记账方式比较合理。例如，开出工资支票后，资金由工资账户（现金）流到每位员工的手中（支出）。商品以分期方式销售时，销售额（收入）已记录在案，但是必须以日记账分录的形式，确保之后的资金（应收款项）及时收回。

会计系统的组成部分

将会计系统想象成车轮，将总分类账想象成毂，而连接车轮与毂的就是车轮上的轮辐，它就是向毂提供信息的途径。会计系统中的"轮辐"包括：

- 应收款项；

- 应付款项；
- 订单输入；
- 存货控制；
- 成本会计；
- 工资账目；
- 固定资产。

工资账目

工资账目对于任何组织来说都是一个挑战。现在，有许多联邦和州的法律都规定了必须跟踪记录哪些与工资有关的内容。组织可能因记录不全或不符合规定而面临罚款。许多组织会将工资服务外包出去，并通过这样做来确保它们符合所有适用的法律。

如果工资账目是由内部人员来做的，那么组织最好采取自动的工资系统。即便账目是人工做的，自动的工资系统也可以节省宝贵的时间，同时非常有助于确保符合会计准则。

应付款项

应付款项指欠供货商的账单或贷款购买的服务的账单。一般来说，这些债务都应在12个月内付清。及时记录应付款项十分重要，这样才能了解欠每个供应商的金额，以及欠款何时到期。如果组织有合适的系统来管理应付款项，那么我们就常常能够享受针对及时支付提供的折扣。管理欠佳的供应商系统会破坏与供应商之间的关系，还会导致公司的信用评级下滑。

固定资产

固定资产是人们普遍认可的且被创收的公司长期持有的资产。固定资产包括房地产、设施和装备，无形固定资产也是固定资产的一种，如专利、商标和客户的认可。固定资产是可供长期使用的物品，使用年限一般在5年及以上。在公司的正常运营中，不会购买并出售此类资产。

在采用应收应付制会计系统的公司中，在收购固定资产时并不将其记录在案，但其在使用寿命（即该资产预期使用时限）内为组织带来的利益却记录在案。此过程被称为折旧。大多数有固定资产的公司都会为每一个资产类别和每个折旧明细表设立明细账。

在多数情况下，折旧很容易计算。用资产使用寿命除以资产成本即可。例如，一件设备价值5万美元，使用年限为5年，那么其折旧率为每年1万美元。这叫作直线折旧法。还有一种更复杂的固定资产折旧方法，这种方法允许在初期加速折旧，这从纳税的角度来看比较有利。就上述折旧方法而言，我们最好寻求并参考可靠的税务顾问的意见，或组织中负责财务管理的最高管理团队成员的意见。

存　货

对于生产产品的组织而言，对存货的良好控制是用于追踪原材料、半成品和成品的记账系统的关键组成部分。即使是批发商或零售商也会销售各种不同的货品，并需要有效的系统来追踪待售的每件存货。

紧密追踪存货的另一个关键原因是它与销售商品的成本直接相关。因为几乎所有拥有存货的公司都要采取应收应付制会计制度，所以良好的存货记录是准确追踪每件售出商品的原料成本的必要一环。从管理的角度看，追踪存货也很重要。有效和最新的存货控制系统会为你提供以下重要信息：

- 哪类商品销售得好，哪类商品滞销；
- 何时预定更多的原材料或更多的商品；
- 当发货时间到了，存货储存在仓库的哪个地方；
- 每件商品的生产天数；
- 重要客户的典型订单；
- 满足日常订单要求的最小存货量。

应收款项

如果公司是在销售商品或服务给客户之后的某个时间收款（分期支付），那么该公司需要用一种跟踪方式来记录钱款数额和还款时间。

一个好的记账软件系统会为每个客户提供设立明细账的方式。因此，当销售是以分期付款的方式进行时，客户可对其追踪，该系统还可及时提供账单和收款情况。

组建会计和财务部门

许多组织都是按照职能来组建会计系统的。在小型组织中，常常只有一个人在办公室完成所有的交易记录。从内控的角度来看，这种情况并不令人满意，因为它为欺诈和挪用公款提供了方便。有大量会计职员的公司里不会出现个人犯下的欺诈行为，因为多人组成的会计部门可以实现金融交易方面的监督和制衡。

让同一个人开支票和核对普通支票账户不是划分会计职责的好范例。小型公司不能提供足够的人员，来恰当地分配职责。然而，在新的会计系统内部设立小型内控机制有助于减轻风险。

职责的分配

多数组织都需要担负以下会计职责：

- 会计系统的整体责任；
- 计算机系统的管理（如果使用了的话）；
- 应收款项；
- 应付款项；
- 订单输入；
- 成本会计；
- 月度汇报；

- 存货控制；
- 工资总额（即使公司将工资服务外包，也必须有人管理和负责）；
- 内部会计控制；
- 固定资产。

对潜在客户进行信用审查

当组织允许赊欠时，它实际上就是借给客户资金，自然需要确定客户是否有能力偿还欠款。而确保客户能够偿还的最佳预防手段就是审查其信用记录，而后再允许赊账。

无论一家公司如何审查客户，它都希望认真地建立自己的信用关系，并不是每个客户都要通过相同的信用标准，因而最好的审查方式就是具体问题具体分析。需要我们注意的是所审查公司的从业时间：至少成立5年的公司按时支付各种款项的可能性很大，否则它们也不会存活到现在。

信用报告

在允许赊账前，取得潜在客户的信用报告也是一个好办法。信用报告的价格从15美元的单页报告到1 000美元的长篇报告不等。报告显示了历史还款数据、破产记录、任何诉讼案件、留置权和针对公司的法庭宣判结果，以及用于预测客户还款可能性的风险评级。即使潜在客户几乎没有信用记录，查验信用报告也还是有用的，因为它可以提供包括破产报告、公司记录、拟制企业名称报告、法庭宣判结果和欠税不动产留置权在内的所有相关数据。

信用证明材料

除了信用报告，对那些征信机构没有覆盖的公司，如果有可能的话，还是要审查一下客户的征信材料。这些材料可以提供很多信息，但并非十分可靠。毕竟客户会自己挑选信用证明材料。为了更了解实际情况，你可以要求客户提供完整的供应商名单。给其中几个人打电话，询问这位潜在客户是否欠他们钱款。如果是的话，那么确定是否正在及时偿还欠款。你还可以去要一份其他供应商和客户的清单，与他们取得联系，作为信用的证明。

给客户的银行打电话也是有用的。虽然银行方面向他人或机构提供客户的具体信息是不合适或不合法的，但我们还是可以通过这一途径获得一些大致相关的信息。问一问银行与该公司有多长时间的业务往来历史。银行给这家公司放过贷吗？如果提供了贷款，那么公司是否履行了义务？

财务报表

资产负债表可以充分说明公司偿还欠款的能力（但不一定能说明公司偿付的意愿——这会反映在信用报告里）。公司流动资产和流动负债的比率是很好的指标。如果流动的比率小于1:1的话，那么这家公司很可能有较大的信用风险。如果这个比率大于2:1，那么给这家公司赊账还是可以让人放心的。

公司所有者或CEO的个人信用报告

我们在与一个新成立的封闭型控股私营公司做生意时，可能不能获取信用报告、信用证明材料或财务报表。但是，我们可以审查公司所有者或CEO的个人信用情况。如果审查对象信用记录良好，那么他有可能会确保公司按时支付账款。如果公司所有者或CEO有逃债或拖延付款的历史，那么公司也有可能这么做。

危险信号

除了对公司信用情况的常规调查外，其他异常情况也可以说明存在信用问题，例如该公司是否采取了不正常的降价或打折战略？这种做法可能会影响公司及时支付欠款的能力。该公司是否已与其他公司存在信用贸易关系？公司是否有资产已经被抵押？该公司是否属于周期性行业或者从事的产业类型容易受季节性因素的影响？经济大环境是什么样的？如果生意好做，就可能更适合提供更大的信用额度。但如果形势不好，就最好对高风险客户收紧信用额度。此外，要重视调查结果。有时，就提供信用额度而言，无论潜在盈利多么诱人，拒绝都是一个正确的决定。

读取信用报告

信用报告反映了公司或个人的金融活动。信用报告一般包括历史支付数据、破产记录、《统一商法典》相关档案、银行借贷信息、租约信息、支付倾向和行业对比数据。

公司的典型信用报告包括公司名称、地址和电话号码。报告还包括CEO的姓名、标准行业分类代码、行业介绍、公司运营的起始日期。其他内容还有员工人数、销售额和净资产等项。在多数情况下，报告还会包括数字化的信用评级。

财务信息可能包括从基本销售额和支付数据，到详细交易分析在内的全部信息。该信息应包括对任何诉讼、留置权或未兑现的法庭宣判结果及任何相关破产档案的概述。如果可能，那么还应包括所有权变更、公司迁址、公司收购、火灾或自然灾害之类公开报道的新闻事件等信息。

信息量的大小要看公司的地位和它是不是公有公司。私有公司和刚成立的公司的信用评级资料相对而言可能不太正式。为了审查小型公司的还款行为，我们可以尝试通过其客户、供应商和银行来了解情况。

还要记住虽然信用报告可以作为重要的工具，但它们本身并不完整。在根据信用报告做出决定前，你还要通过其他种类的公司进行调查，而且要从客户、员工和个人关系中搜集信息来补充已获得的信息。

一般公认会计准则

一般公认会计准则是美国承认的会计标准。采用一般公认会计准则这种会计准则，以公认的方式解释成本和收益，以确保与公司会计原则的一致性，并方便比较各类项目和投资。

避免逾期款项

避免逾期款项的最好办法就是避免与信用记录不良的客户做生意。但是，只与信用记录无污点的公司做生意，又会导致潜在客户群太小。不幸的是，随着公司业务的不断发展，我们常常不得不与更大却有更高风险的潜在客户群做生意。

一方面，在新成立的且发展较快的组织里，现实情况是公司不是总能对销售协议有完全的控制权。最大和最优质的客户希望收到季度账单之后可以有90天的付款时间，它们的规模和潜力提高了它们的重要性与吸引力。

另一方面，我们也不愿意设定严苛的支付条件来破坏任何可能建立或已经建立的商务关系。但是，我们仍需掌握对应收款项的控制权，以免给现金流造成负面影响。

以下五个步骤有助于现金流动，而且不会带来威胁。

- 注意信用记录较差的新客户——有支票退票记录或拖延支付账单的公司或个人不太可能会改变做法。如果需要的话，尽早制定信贷规则，态度坚决并缓慢地开始培养关系。将产品或服务的总量控制在最低值，直到该客户证实自身的可靠性。不管你多需要这笔生意，在双方签署合同、清楚说明并共同约定支付条件之前，你都不要急于与个人或公司开展业务合作。
- 一旦与客户以分期付款的形式做生意，就要确保在发票上印上支付到期日。不要认为客户自己会看发票日期并计算支付日。
- 为提早支付的款项提供折扣，对延迟支付的款项增加利息。如果在发票到期前 10 日内完成支付，一般折扣是总额的 2%～3%。利息的最大值可依据所在地的不同而有所差别。
- 支付日到期后，立即给客户打电话并开始努力收款。不要等待，要让他们知道你的组织正严密监控应收款项。
- 在客户支付账单之前，不要再与他们做生意。不要改变规矩，否则只会造成更多问题，并且会降低收回欠款的可能性。如果不得不与有逾期还款记录的客户做生意，那么一定要坚持要求它们在收到你提供的新产品或服务时货到付款。

欠款代收公司

当你试图吸引一家公司做更多的生意时，对方就会很容易要求大量赊账。让他人过多赊账可能会导致生成无法支付的账款，这可能会立即构成对公司发展的沉重桎梏。如果组织不能对这些逾期欠缴账款进行有效管理，那么收回这些钱的可能性会随着时间的流逝而逐渐降低。

收回更多欠缴款项的一种方式就是雇用欠款代收公司。欠款代收公司负责找到债务人并收回欠款。如果尽早雇用欠款代收公司，那么它们常可以收回大部分的欠缴账款。

除了提升实际收款的可能性，利用欠款代收公司还可以节省时间和金钱——这是两个极其珍贵的资源。欠款代收公司具备为客户定制的电话系统、计算机和软件，因而在追回欠缴款项方面更有效率。

虽然欠款代收公司收取的费用占追缴欠款的 15%～50%，但组织最终得到的欠款可能仍比仅靠自己的力量收缴的要多。当选择这类组织时，要考虑以下问题。

- 查出欠款代收公司是不是美国欠款代收公司协会成员或美国商法联盟成员。因为上述组织规定其成员必须遵守职业道德，而且应当熟悉《正当收债行为法》。
- 确保欠款代收公司有针对性地保护委托公司的保险，以防欠款代收公司在收债过程中走上歪路。
- 要求欠款代收公司公开其一般的回款率并提供证明组织清单。联系清单上的部分公司，并查明该欠款代收公司花了多长时间才收回了拖欠的款项、他们是收回了全部债务还是部分债务，以及委托公司是否满意该欠款代收公司的工作。

小　结

组织都会使用会计和簿记的方法及系统来记录财务状况与业绩。如果上述工作经常进行，那么组织可将此类记录用作评估工具。如果记录连贯的话，那么还可将其用于公司的财务管理。

第七章

财务管理

上一章讲的是会计学基础和组织保存财务记录的方式，本章将会深入探讨收集和整理信息并将其汇总为财务报表的途径，以便监管、控制并在财务上管理组织。

固定成本、可变成本和机会成本

固定成本、可变成本和机会成本体现了组织的运营成本的不同特点。

固定成本指在会计期内不随经营活动变化的所有成本。尽管产出或资源使用量有所不同，但固定成本是保持不变的。理论上，固定成本不因活动或销量的变化而改变。这类成本通常包括办公室、工厂、折旧和保险或职业责任保险等成本。

可变成本指在管理组织的过程中，作为一种活动职能而发生变动的成本。可变成本包括销售佣金（随着销量的增加，向销售人员支付的佣金也随之增加）或原材料（随着销量的增加，用于生产产品的原材料数量也随之增加）。

机会成本指为了某一解决方案而牺牲的替代方案或机会。由于资源是有限的，所以支持一个项目（服务、产品或升级等）的任何决定都意味着不能再做其他的项目。例如，在南卡罗来纳州开设分公司的机会成本就是花费在新的分公司上的时间和精力，而这一时间和精力原本可用于提高现有公司的业绩。

ABC成本法

ABC成本法即基于活动的成本管理，它是将具体活动和人员与具体任务相联系，以更好地了解如何利用资源。利用一种简单的ABC成本法就可以检验某一员工或工作小组在一年中的工作表现和该小组产出相关的成本。例如，一家公司在考虑将与工资发放有关的职能外包出去时，可能会分析人力资源和会计部门有多少人参与每天的工资计算，评估与上述人员有关的薪资和经常费用，将其与工资发放期的数量相乘，最终得出基于生产经营活动的工资计算成本。这一评估结果之后会与外包工资准备公司提供的数据相比较，计算出外包与原公司内部履行工资会计职能方面的成本收益比。

税 务

除了利润，税务可能是每个公司都要面对的另一个重要问题。虽然都有纳税的义务，但你仍要注意减少纳税对公司盈利造成的影响。下文集中展示了组织可用来减少纳税的策略。

冲销：减税

组织可将所有经常性和必要的商业支出从收入中减去，以减少应税所得。有的删减项是很明显的，比如差旅、设备、工资或租金等方面的支出，但是冲销的规则不总是这么简单。

这一方面的税务法则使许多企业家因此犯错，尤其令本土公司头疼。如果没能及时更新预期的征税单，就会导致现金流出问题，公司可能因此受到美国国内税务局的惩罚。解决办法很简单，那就是了解并按规定履行纳税人的责任。

销售税

许多个人服务项目（如发型设计）不在征税的范围内，但是多数产品都是需要征税的（典型的例外产品是食品和药物）。但是，各州也在不断补充征税服务项目的清单，所以，各公司要与州税务部门进行核对，以确定是否应该对服务项目征收销售税。如果你销售的产品或服务确实应缴税，那么你就必须在所在州的税务部门登记备案。之后，你必须分别记录应缴税和不用缴税的销售量，并将它们写入该报税单。

法律实体形式和税收含义

组织的法律实体会引发对很多问题的思考，而且通常以一种法律实体形式与其他形式相比而得出的税收含义，可对采取何种法律实体的形式做出指导。

对于联邦税收而言，新兴公司最好是S类公司或有限责任公司，而不是普通的C类公司。当然，我们最好咨询有能力的税务专业人员，以便做出最佳和最合适的选择。

决定要选择做S类、C类或有限责任公司，而不是独资企业的重要因素是公司实体所提供的有限责任。因为是有限责任，所以公司倒闭造成的经济损失和后果对公司资产的影响是有限的，而且不会将公司成员的个人资产牵涉其中。这种"公司面纱"提供的保护是创业的基石，并且是一个稳健的经济体制形成的基础。

雇员税

公司负责代表员工收缴并上交一部分税款。下文是对一些员工的税务问题的概述。

取得雇主识别号码

公司必须向员工报就业税或向员工提供税务报表，要完成这些工作，我们还需要雇主识别号码。从美国国内税务局网站领取SS-4表格（雇主识别号码申请表），或拨打电话1-800-829-3676。

准时存入预扣职工所得税

雇佣组织并非直接向联邦政府支付税款，而是将税款存入获得授权的金融组织，例如商业银行。此类存款种类包括员工联邦所得税（如果适用，那么还包括州所得税）与社会保障和医保税款的雇主和雇员的部分。

向独立承包人签发1099-MISC表格

组织可依靠从事独立贸易的独立承包人，在这种贸易活动中，他们自己直接提供服务，而不是其手下的员工。如果工人能够控制其工作性质和工作完成方式，那么这个人就是独立承包人。美国国内税务局确定了一系列条件，要求独立承包人的身份必须满足这些条件。

避免纳税罚金

对于雇主而言，缴纳和上报就业税属于信托责任，而这一责任是非常受美国国内税务局重视的。其定金罚款占总额的2%（若纳税滞纳时间在1~5天）到15%（若在收到美国国内税务局首个通知后的10天内未缴税款）。

准备税收审计

税收审计是每家公司都想逃避的一件事。但是，如果美国国内税务局去公司审查，那么了解审计员要查什么还是有利于大事化小的。在全面审计期间，美国国内税务局工作人员可能会审查纳税申报单和交易记录中的部分或全部条目。

收　入

美国国内税务局会把银行对账单和预存定金与上报的收入进行比对。他们还会审查发票、销售记录、收据与总分类账和其他正式的账簿记录。他们还会将商品或服务的交易记录而非现金（如易货贸易）划分为应税所得。

支出和减税

审计员可能会将已付支票、标记"已支付的"账单、银行对账单、信用卡对账单、缴税收据或慈善性赠予及其他交易记录与纳税申报单上的支出和减税项进行比对。他们可能会特别关注上报的债务或公司损失、慈善性赠予、差旅、餐饮和娱乐支出。要进行记录，写明差旅、餐饮和娱乐支出，并确保删减的只是合法的商业支出。

贷款和利息

审计员可能审查贷款文件、定金、银行对账单、信用卡对账单、收据及已付支票，以确定贷款和减息都是商业支出的一部分。

员工分类

美国国内税务局会审查纳税申报单上的员工分类，并将此数据与考勤卡、职位描述、收益计划、发票、已付支票、合同和其他交易记录进行比对。审计员会特别关注独立承包人分类，因为许多公司会将一般员工不当地划为承包人。

工　资

审计员会检查已付支票、纳税申报单、定金、交易记录和其他表格，以确保完整性、准确性和存档的及时性。他们还会审查用以证明州、联邦和社会保障的代扣代缴应纳税款、医疗税、提前预支劳动所得税抵扣、失业救济金和员工补偿保险费的记录。美国国内税务局还会审查应向公司所有者和官员支付的工资和奖金，以确定其合法并符合行业标准。

其他记录

审计员还会审核报税人员、会计、银行或其他金融组织、供应商和客户的记录。除了审查公司，审计员还会审查个人财务情况。美国国内税务局可将其当前的生活方式与纳税申报单上的收入进行比对，以确定是否匹配。

减　税

纳税是每家公司都无法避免（却又令人十分痛苦）的义务。但是，如果不能免除公司的税负，那么我们还有减轻税负的手段，其前提是公司支出这部分减税额用于抵销税收敞口。通常，减税内容包括：

员工工资和大部分的员工津贴；
租金；
公司贷款利息；
公司的不动产税；
公司应担负的州、地方和国外的所得税；
商业保险；
广告和推广成本；
员工教育和培训；
用于保持或提升所需商业技能的教育；
法定费用和专业费用；
公用事业费用；
电话通信成本；
办公室维修费用。

当地企业或总公司还可以减去部分居住费用，比如房地产税、公用事业费用和电话通信支出。另外，汽车、餐饮、差旅和娱乐费用如果与公司直接相关，那么也可以减去。与所有税务问题相同，我们最好寻求有资质的顾问的建议，让他们提出针对私营公司的恰当且公认的税务和财务报告方法。

最后，要保证完整并准确地记录定金、收入、支出和减税额。如果美国国内税务局对一家公司进行审计，那么它可能需要证据来证明纳税申报单上的每个条目都是准确的。

| 第八章 |

经济学：地方、全国和全球

经济学是一门社会科学，用来分析人、组织和政府在分配稀缺资源时所做的选择。虽然这一定义看起来偏理论性，但多数人在直觉上对供求法则还是有所了解的。在做购买决定时，我们要决定哪些产品或活动符合自己的计划、预算和需求。通过这些经济学上的选择，我们肯定会对自己希望从市场上得到的产品及价格有所偏向。

经济体制是一种社会机制，我们通过这种机制实现产品与服务的生产、分配和消费。经济学上的决定常会影响全球范围内的经济体制。所以，现在的情况是国内和国际双重因素共同影响资源的分配，并决定我们购买和消费的商品与服务的定价。上述因素会在不同的层面和角度发挥作用，而将其作为研究对象的经济学则包括微观经济学和宏观经济学。

微观经济学和宏观经济学

微观经济学研究的是个人消费者、家庭和公司等较小的经济单位，它是研究经济的单一部分如何影响定价，以及价格如何决定商品与服务的生产、销售和使用的学说。宏观经济学是对一个国家整体经济问题的研究。虽然这两个角度总是被分别对待，但它们其实是相互关联的，并共同说明了经济体制的运行方式。

有一个例子很好地证明了这两个理论的交叉点，那就是利率。由于利率能够影响市场活动，因而它是一类得到普遍使用的经济指数。如果利率的趋势是上升的，那么这通常意味着经济形势也是充满活力并不断向好的。这一关系被称为顺周期，因为它与经济的发展方向是一致的。

如果利率的趋势是下降的，那么这意味着经济正在衰退。

经济学的另一个角度就是考虑经济行为和活动的全球意义，特别是对于亚洲地区的经济体，例如飞速发展的中国、印度、印度尼西亚、韩国、马来西亚和泰国。在拉丁美洲，阿根廷、巴西、智利、哥伦比亚、墨西哥、秘鲁和委内瑞拉是经济活动的重要地区。在非洲地区，科特迪瓦、加纳、尼日利亚、肯尼亚和南非通常是经济核心地区。在欧洲，捷克、希腊、匈牙利、波兰、葡萄牙、俄罗斯和土耳其在经济增长方面十分活跃。

尽管地理位置有所不同，但基本的供求关系都是经济活动的核心问题。供给指卖方愿意并有能力依据不同价格，提供不同数量的产品和服务以供销售。需求则影响了买方购买不同价格的产品和服务的意愿。当买方愿意按照与卖方一致且令卖方满意的价格购买产品或服务时，那么卖方就会生产足够的产品或服务（供应），以匹配买方的需求。当供需保持同步时，这种经济情况就被称为均衡状态。

促进需求的因素

经济学还有一个研究角度就是探讨如何关注市场参与者的需求，以及他们需要用在需求上的有限的金融资源。我们通过观察需求曲线最方便理解供求之间的动态变化。需求曲线图展示了买方在不同价格水平的产品"需求"（购买）量。曲线呈斜线下降时，通常意味着需求随着产品价格的下降而上涨，随着价格的上涨而下降。这种价格和需求的变化的灵敏性关系称为价格弹性。

产品和服务有不同程度的价格弹性。例如，如果汽油价格上涨，那么需求可能不会成比例下降，因为人们仍需要给汽车加油（假设没有替代交通工具或其他出行方式——例如，倾向于使用公共交通的趋势）。但是，如果航空费用大幅上涨，那么对航空的需求量可能会增幅下降，因为旅客比较容易选择其他的交通方式来满足他们的出行需求。这展示了相对较高的价格弹性。

各公司需要认真监控影响其产品或服务需求的各种因素。如果它们没有关注需求的不同特征，那么竞争对手一定会找到自己的竞争优势，以更好地满足消费者的需求。

促进供应的因素

经济学的供给侧指卖方提供的不同价格和不同产品数量之间的关系：通常情况下，如果生产者能够维持一个较高的价格，那么他们会生产或提供更多的相应产品或服务。

经济体制

在20世纪，主要有两个相互对抗的经济体制——中央集权政府主导的计划经济体制和基于私营企业的市场经济体制——可以回答在资源有限的情况下，生产什么以及为谁生产的问题。历史已经证明了在世界范围内，中央集权式的经济模式并不能维持经济的持续增长，也不能为其国民带来长期的经济稳定。

实际上，许多政府主导的经济体正在逐渐私有化，以促进经济增长和提高发展效率。私有化是向个人投资者出售国有公司的过程。这一趋势为美国公司提供了机会，它们可以拥有原先禁止美国投资的外国公司的所有权。在许多情况下，有企业家头脑的国民都在本国持有了原先国有企业的股权和所有权。

竞争的分类

在私营企业系统中，有四种不同的竞争：完全竞争、垄断竞争、寡头垄断和垄断。

完全竞争

完全竞争是某一市场领域包含多个竞争者的经济体制。在这一体制下，准入壁垒少，进入市场很容易。许多人或组织都能够提供与其竞争者类似的产品。在完全竞争的市场内，较低的价格是买方及其决策的重要因素，不同的产品之间区别很小。另外，每个卖方个人可以提供的数量只构成整个市场的一小部分，单凭自己的力量并不能影响价格。因此，在此类商品市场上，公司个体对价格的影响力非常有限。

垄断竞争

在这一经济体制下，某一市场领域的竞争者很少，但仍有竞争，新的竞争主体进入这样的市场环境会比较难。准入障碍可能源于地域、商品的获得、技术或资本投资水平。这一竞争形态的结果常是参与竞争的公司提供的产品是有差别的，尽管产品的功能很可能是一样的，但消费者仍会依据自己的喜好做出不同的选择。由于差异化因素，公司个体能够对价格有一定的控制力。它们可以选择提供优惠或折扣来推销其产品并影响需求。

寡头垄断

寡头垄断是某一市场领域的竞争者很少的市场状态。由于准入门槛较高，所以竞争者很少，从而导致少数几个大型卖方争取或共同分割较大的市场份额。寡头产业通常需要很高的资本水平，并且需要非常严格的管理（如电力事业、航空产业或医疗部门）。在寡头垄断的市场环境中，每家公司都对价格有一定的影响力并可以创造产品的差异化。或者它们将价格纳入消费者购买战略，但并不把价格作为唯一的区分因素，用以争取更多的市场份额。

垄　断

与棋盘游戏不同，当绝对没有其他竞争时，私营企业体制中就会出现垄断。这就意味着只有一个供应商可以提供产品或服务，并且通常是政府负责监管谁可以进入市场，因而会产生极高的准入门槛。缺乏竞争会造成商家对价格有极大的垄断权。一个完全垄断的例子就是制药企业药品专利的签发。有的药品当前没有替代品，在这种情况下，作为专利持有者的制药企业就垄断了该药品的生产或分销。这时政府要确保没有其他企业能够生产这种药物，而这产生足够高的市场准入门槛。

计划经济体制

除了市场经济体制，计划经济体制是世界经济中的另一种市场结构。在计划经济体制中，政府的管控决定了公司所有制，以及利润和资源的分配。

计划经济的最常见理论是共产主义，这意味着在强大的中央政府的领导下，一个社区中的人们平等共享所有财产。计划经济体制中，政府享有公司的所有权。政府，而不是企业家，决定向消费者提供产品的种类和数量。作为中心计划者，政府要确定贸易政策。在历史上，这类贸易政策极其严格地限制了外国公司的竞争机会。社会主义及共产主义理论是由卡尔·马克思提出，列宁发展并首次在一国实现的。在马克思主义理论中，共产主义是人类历史发展的最终阶段。在这一阶段，人民在政治和经济上享有统治权。

共产主义哲学理论的基础是每个人对国家经济整体发展的贡献，并且国家的资源是根据每个人的需求分配的。中央政府拥有生产资料，每个人都在国有企业工作。而且，政府决定了人们能买什么，因为它决定了生产什么。

社会主义经济体制

另一种经济制度是社会主义经济体制，以重要产业的国有制和政府运营为特征。社会主义的政府允许人们享有对公司和财产的所有权，并选择自己的工作。然而，政府也提供各种公共服务，诸如大量的失业救济、全覆盖的医保和公共交通。这些公共服务事业需要收取高额的所得税来负担。当然，如果税率过高，那么企业家就不会有创业动力。

随着社会主义制度的不断完善，经济活动中出现了一些新的管理理论。新理论的目的并不是像社会主义一样旨在监管个人之间的经济关系，而是试图在整体上管理社会关系。例如，这类理论希望提高社区的社会资本。如果社会资本被定义为鼓励人与人之间合作并建立信任的准则和网络，那么社会资本的存在就是有利的。它降低了交易成本，有助于知识的传播，并提升了整个社区的幸福感。但是，现在问题又出现了：政府能否创造社会资本，以及更为关键的是，政府是否应该创造社会资本。虽然社会主义的传统形式不再被推崇为成功的市场结构，但它仍有极具活力的部分存在于当今经济中。

然而，我们目前看到的大部分市场经济体都是混合形式的市场经济。有的经济体表现出了计划经济和市场经济的双重特征。在混合市场经济中，国有公司通常与私营企业共存。我们可以在欧洲找到很好的例子。传统上，政府会控制铁路、银行业和电信业等关键产业。但是，当今的总趋势是许多国有产业走向了私有化。1986年，英国将天然气业私有化；1987年，钢铁业私有化；而1989年，水务行业也被私有化了。如今，澳大利亚紧随其后，开始了钢铁、石油和化工业的私有化。

商业周期的四个阶段

商业周期又被称为经济周期，指繁荣、衰退、萧条和复苏不断往复的一系列过程。商业周期的时间跨度很少有相同的。商业周期指经济活动所经历的阶段性的周期扩张和紧缩。例如，美国自第二次世界大战结束以来，经历了11个完整的商业周期。商业周期十分重要的原因是，商业决定和消费者的购买模式在商业周期的每个阶段都有所不同，而且重要的是当制定组织战略时，你要知道你处于商业周期的哪个阶段。

繁荣或商业周期中的景气阶段，出现在失业率低和消费者信心较强导致购买力强盛的时候。因此，公司会为了抓住市场创造的机遇而不断扩张。市场经历繁荣的一个很好的例证发生在1998—2001年的硅谷。突然间，科技成为市场上的下一个巨大商机，所以众多公司以破纪录的速度上线了新技术，传统公司第一次创建了电子市场。常识告诉我们，经济不可能长久繁荣，正如我们在硅谷看到的那样，衰退——有时是区域性衰退——会紧随繁荣阶段的脚步而来。

衰退是周期性经济紧缩，一般会持续至少6个月。经济学家认为衰退会导致连续两个季度的经济低迷。在衰退期间，消费者经常会推迟大件商品的购买，例如住房和汽车。公司会减缓生产，推迟扩张计划，减少库存并裁减员工。因此，失业率会随之上升，消费需求会下降。

萧条属于衰退或经济减速的一种，它构成一段时间内经济的下行趋势。萧条的特征是失业率居高不下，消费者支出减少。许多经济学家建议应采取足够有效的行政手段来防止衰退进一步恶化为萧条。例如，联邦、州和地方政府可以投资基础设施建设领域，以帮助市场摆脱萧条。国家资金可以投资于交通体系、学校等公共设施的建设，还可以贷款给小型企业，以帮助经济恢复增长。政府也可以通过对财政和货币政策的监管来影响经济。这些内容都会在这一章进行详细的讨论。

最终，这些措施会促使我们进入商业周期的下个阶段：复苏。复苏阶段是经济活动开始向好的过程。消费者的信心得到提振，对房屋和汽车等大件商品的支出上涨。失业率开始下降，人们积极投入工作并再次为经济发展做出自己的贡献。

国家经济的稳定：生产力、价格波动和就业水平

到现在，我们已经明白了经济发展水平是多种力量相互关联、共同起作用的结果。GDP也就是国内生产总值，是一年中在一国国境内生产的商品和服务的总价值。它是一个应用广泛的经济指数，为国家整体的经济活动提供了基准。

生产力指生产的产品和服务与生产所需的投入之间的关系。在扩张阶段，随着资源使用量的减少和产出的增加，生产力不断提高；而在衰

退阶段，生产力会停滞不前，甚至整体下降。

价格波动与经济体货币的价值和通货膨胀（简称通胀）是息息相关的。通胀是需求过多和生产要素成本上涨共同导致的价格上涨的阶段。在美国，通胀率一般由消费价格指数的变动幅度来衡量，消费价格指数涉及食品、服装、医疗服务、住宅和交通等多种消费品与服务的价格。

由需求拉动的通胀出现在相对于供应，需求过多的情况下。在上述条件下，产品或服务的相对短缺给了生产者提价的筹码。由成本推动的通胀出现在生产要素成本上涨的情况下。劳动力、商品、制造业等的成本会提高并因此不断推动价格上涨，以弥补增长的成本。

通胀的极端形式是恶性通胀，即以价格快速上涨为特征的阶段。

通胀会对经济造成影响，因为维持某一既定的生活标准需要更多的钱。即便人们有固定的收入，但如果面包的成本飞速上涨，我们就可以轻易地看到因此造成的负面影响。

但是，对于那些收入增加或债务利率固定的人来说，通胀是一件好事。然而，通胀对公司而言是一把双刃剑。一方面，在高通胀的条件下，公司很难制订长期的计划，因为预算的制定和预测很大程度上取决于对产品价格和经营公司所需的服务成竹在胸。另一方面，低通胀让公司更易于制订长期计划——预测价格和成本变得更加容易。低通胀还和低利率密切相关，这不仅会鼓励消费者购买大件商品，而且会促进公司的扩张。

通货紧缩指下降通道中的价格波动。虽然通货紧缩听起来不错，但它会造成灾难性的后果；20世纪30年代的大萧条时期就是通货紧缩的典型，虽然商品或服务的价格下降了，但就业率也下降了，那些没有遭到解聘的幸运儿的工资随之减少，大部分商品和服务的价格也同时降低。

相对价格水平是通过两个常见的指数来测算的：消费价格指数衡量了一篮子商品和某些服务价格的月平均变化，生产价格指数则是从卖方的角度看待物价（成品、半成品和粗制品）。

就业水平

就业水平对国家经济会造成很大影响。实际上，失业率是多数人用以了解经济状况最为依赖的经济指数之一。失业率常指那些主动找工作，但当前还未被聘用的人在总劳动人口中所占的比例。

因为失业率这一指数十分重要，所以我们要仔细了解不同类别的失业，以描述失业的变化。

摩擦性失业指某人暂时没有工作的情况。一个很好的例子就是刚毕业的学生正在找工作，但还没有找到。季节性失业指人们在某几个月没有工作的情况，而且他们在那段时间并没有找工作。旅游业从业者或季节性的农场工人都是很好的例子。结构性失业指由于对具体技能没有需求而造成的失业。比如底特律的汽车工人遭受的就是结构性失业，因为当地的几家大型汽车制造厂都将组装工厂搬到了其他州或其他国家，对具备汽车制造技能的底特律工人的需求减少了，所以在汽车制造业造成许多人的结构性失业。但是，这类人可以接受新的工作培训，在找工作的过程中学习新的技能。周期性失业指当经济发展放缓时，没有充分的工作岗位提供给求职者。这是许多在2008年经济萧条时期毕业的MBA学生面临的情况。

失业率的计算并不包括所谓的丧志工人，这些人没有工作，也不再继续找工作。

影响全球经济的因素

在全球经济不断发展的今天，各组织都在跨国境、跨国内行政区划发展经济，以确保未来经济能够持续繁荣。在这一过程中，组织的决策者会从两个角度看待全球扩张。

政治风险

政治风险指另一国家的政治行为可能给公司带来负面影响的风险。极端情况下，外国政府可以在不补偿它国公司的情况下，接管其在该国的分支组织。一个更常见的风险是高额税率带来的威胁,或对其他国家母公司收回利润进行限制。一般情况下,大型政治事件(如军事政变、社会动荡和货币危机)被称为宏观政治风险。相反,小型政治事件(诸如没收、歧视性规定和恐怖主义)被称为微观政治风险。

货币风险

计划进行国际扩张的组织会面临与汇率波动有关的风险。货币风险是指由于汇率变化导致投资价值发生变化,从而带来的风险。例如,美元疲软很可能会使美国公司在国外的销量和利润增长,这是由于出口商品的销售价格降低,购买美国制造的产品或服务所需的外币的数量减少了。而美元走强可能造成出口和利润的削减。美元对外币的升值会导致美国产品在国外的售价上涨,因为现在需要更多的外币才能购买同等数量的美国制造的产品。

货币政策和财政政策:管理经济表现

货币政策是中央银行对货币供应和利率监管的工具,以控制通胀和稳定货币。在美国,美联储负责管理这一过程。如果经济持续升温,那么美联储就可以从银行系统撤出资金,提高准备金或贴现率,给经济降温。这被称为限制性货币政策,这一政策会使经济增长放缓。相反,如果经济增长放缓,就应该降低准备金和贴现率。这被称为扩张型货币政策,这一政策下的利率较低。

财政政策是政府做出的用于支出或以稳定经济为目的的提高税收的决定。政府支出的增加或税收的减少都会刺激经济增长,而减少政府支出或增加税收通常会减缓经济增长。

国际背景下的美国经济和全球意识的发展

随着各国经济和政策超越国境和海洋的限制而越来越紧密地联系在

一起，各国也开始面临更为复杂的经济情况。全球性经济给组织和社区带来了许多挑战与机遇。

成功的新兴公司的理念也是全球化的，它们从一开始就跨越国境寻找商机。当今，各类组织都必须拥有全球意识。它们要承认、利用并尊重各种差异，尤其是不同国家、不同信仰和不同社会制度下的人们在文化习俗与生活志向方面的区别。

为了取得长远的成功，提高金融的稳定性，各组织必须在以下方面建立全球意识：

- 在其他环境下进行竞争——此时该组织常距离其组织的大本营较远；
- 全球性的扩张和创新——要做到这点，不仅要出口现有产品或服务，还要适应全球市场及其文化准则；
- 领导方式多元化——在各组织开发并拓宽世界市场的同时，领导方式也要反映出全球性的特征；
- 全球公民精神——公司需要参与互动，尊重并与各国政府和利益相关方合作，并保持对监管、社会和贸易问题的敏感度。

与全球化趋势相伴而来的就是更大的机遇，但同时也有挑战。虽然手机、计算机、抗病虫害作物、卫星、生物科技和光纤网络都是20世纪的科技成果，但它们影响了21世纪以来的政治、社会和经济现状，包括公司、文化和医疗的进一步全球化。所以，挑战又是什么呢？

国际恐怖主义

过去的情况是，只有当美国人不在美国境内时才有可能遭受国际恐怖主义的伤害。但是，"9·11"恐袭事件却向美国人展示了在国境内并不安全。恐怖分子的袭击也变得更加致命。活跃在20世纪七八十年代的多数恐怖组织都有明确的政治目标。它们努力让袭击造成尽可能多的伤亡，以换取公众对它们的政治目标的关注，但还不至于失去公众的同情和支持。但现在，正如人们看到的，它们的目标就本质而言越来越宗教化、经济化或个人化（对抗某一民族）。

经济、技术与罪犯和狂热者的一时兴起会造成持续性恐怖事件的发生，有时会造成惊人事件的发生。令人悲伤的是，恐怖主义还在继续，并催生了新的形式、特征和目标。网络恐怖主义是人们越来越关注的一大问题，而之前只有实体和暴力的恐怖主义才能造成损失和威胁。

向全球信息经济转变

信息经济影响着供应链、数字科技、信息和交流技术及技术推动的营销。它推动着公司走向无线化，改变着组织结构并提高了知识产权的价值。

有的人认为人们将走向信息经济的运动作为迎接经济机遇的关键，这有些言过其实。信息技术可以帮助人们学习如何吸取其他地方产生的知识，并将其与当地需求和知识相结合，这有助于提高投资的经济回报，但在这一过程中同时还存在更常见的发展挑战（如结构性失业、社会不平等和劳动力文化素质低下）。

世界人口老龄化和人口增长放缓

由于生育率降低和城市化扩张，世界人口老龄化趋势正在加快。欧洲富有代表性地展现了老龄化人口是如何改变政策和商业发展的。生育率急速下降，特别是在南欧，生育率已经下降到每10个意大利女性在一生中只会生12个孩子，而每10个西班牙女性只会生11个孩子。作为整体，欧盟国家人口数量将会不断缩减，除非它们允许大量移民进入。

欧洲的低生育率导致的人口老龄化趋势并不只在欧洲出现。实际上，世界上超过半数的老年人（年龄超过65岁）现在正生活在发展中国家，而据预测，这个数字在2030年之前会增长到71%。许多发展中国家在自然人口增长方面都进入了严重低迷期，随着这一进程的逐渐加速，年龄结构会随之发生改变。

消费者

重要的是要考虑消费者的喜好和公司满足这些喜好的能力，因为这会决定公司最终能否取得成功。公司是否向最终消费者或中间用户提供产品或服务，是否会选择某一产品或服务，都要依据消费者的喜好来定，而消费者选择的部分依据是对质量的理解。

美国消费者认为国外制造的某些产品在质量上要优于在美国制造的产品。过去，对于日产汽车和电子产品而言，这确实是事实。另外，美国消费者还认为法国的红酒和瑞士的手表也优于国内同类产品。

小　结

制定长期的全球战略是十分复杂的，没有一个国家是经济孤岛，经济的确是全球化的。越来越多的公司已经成为真正的跨国公司，它们的运营组织遍布世界各地。它们已经想好了如何减轻政治和经济上的风险，但它们也发现了一国的问题是如何影响全世界的。

随着美国企业考虑并参与全球扩张，在出现无数机会的同时，也存在着潜在风险。美国市场同样对国外公司具有吸引力。对于在当代全球经济中获得成功的组织而言，其所有者和利益相关方绝不能只拘泥于国境之内，而应该了解国际社会。

MBA IN A DAY 2.0

WHAT YOU WOULD LEARN AT
TOP-TIER BUSINESS SCHOOLS
(IF YOU ONLY HAD THE TIME!)

第三部分
市场和战略

| 第九章 |

营销、战略和竞争力分析

我曾听别人说过："营销都是虚张声势。"你或许也听到过类似说法，但是，最明智、最聪慧并获得最终成功的商人都知道营销绝对不是虚张声势。营销是你日常为了销售产品或向客户提供服务而做的所有事情。营销考虑的是客户看待公司的每个角度，以及使客户产生兴趣并鼓励客户购买产品或服务的所有事情。正如彼得·维塞内斯所说："金钱可能是国王，但营销却事关一切。"

营销对于推销服务或产品的真正意义是什么呢？通常，人们会立即把营销和广告画等号，并且多数人只会看到广告的成本。但是，就定义而言，营销实际上是我们提供产品或服务以待销售的整个过程。思维超前的营销战略者认为营销不是成本或支出，而是一种投资，因为营销带来的好处是长期的，需要很长时间才能见效。

营销还是一种社交和管理过程，在这一过程中，个人和团体通过创造、提供和与他人或其他团体交换产品价值这一途径，获得自身需要的和想要的东西。另外，它还总是与"卖"这一更为核心的功能画等号。但是，营销还包括各种活动，而这些活动组成一个充分整合的过程，它为销售提供了基础和催化剂。此外，成功销售的关键是持续且积极的营销战略。

营销的重要目标：为客户创造价值

那么，持续且积极的营销战略的关键在于什么呢？第一，它是提供公司资源以确保客户的意愿、需求和要求成为公司核心的理念。这种以客户为核心的态度是构成整个营销过程的战略基础。

第二，它是公司理念所支撑的计划。一旦理念得到贯彻，一项计划就可以指明方向，提供指导并协助建立有进取心的战略架构，以便提高产量并改善商业关系。公司常会将资源投入营销活动（从派发传单到举办贸易展销会的各种活动），但其所投资的营销却没有在对的时间面向对的受众开展。这种反应营销只能起到鸟枪的作用，而不能达到步枪的效果。

相反，积极且有针对性的营销计划可以指导人们在对的地方、对的时间选择正确的对象，这样反过来也可以将投资的回报最大化并提高收入。

第三，营销是为客户创造价值的过程。它是一组培育目标客户、与其沟通并激发目标客户的兴趣的活动，它帮助客户了解公司的产品和服务。

从传统意义来说，这类活动属于营销综合策略，以著名的4P营销理论为代表：价格（price）、产品（product）、渠道（placement）和促销（promotion）。但是，制定的战略和拟实施的计划要想涵盖所有必要的领域，以完成产品的市场定位和实现销售收益最大化，公司管理层就必须解决多方面的问题。一个有效的营销战略/计划是一个持续的价值实现过程，并且主要由以下因素组成。

市场细分

制定整体营销战略的首要步骤之一就是进行市场细分研究，因为这样可以管理战略制定过程，并确保其有效和成功。市场细分背后的概念清楚易懂。市场细分只是从你的产品和服务的角度观察整个市场，并将其细分成更小、更容易管理的几块，再进行分析性思考。

我们可以将市场细分想象成《芝麻街》里的毕特与恩尼所唱的："……这部分的东西与其他部分不同……这部分的东西不属于其他部分。"从某种角度来看，这就是我们在细分市场时所做的——我们放眼全局，而后试图明确我们如何将大众市场划分成较小的组别。虽然各组各不相同，但每个小组内部却十分相似。

一旦我们确定了这些组别后，我们就可以明确在这些"市场分区"中哪类是产量最高的，并且最符合我们公司的强项和竞争优势。

一个很好用的说明市场细分的例子就是，服务业的参与者从宾馆/汽车旅馆的角度进行市场细分的方式。像万豪酒店这样的公司并没有对这个市场采取"一刀切"的策略，而是纵览全局，将市场细分为几个更小的但更具针对性的市场分区。万豪的费尔蒙酒店瞄准宾馆/汽车旅馆市场的"旅游和休闲"分区，它位于主要旅游景点周围，价格低廉，吸引以家庭为单位出游的顾客。万豪的万怡酒店瞄准经常出差并希望在旅途中体会家庭温馨的中层主管，它位于商务区周边地带，环境宜居并有家的氛围。万豪的丽思卡尔顿酒店则针对CEO和高级行政人员，配备有顶级的设施和高水平的客服，这是公司董事长及CEO在出差时所青睐并期待的。在这些例子中，请注意万豪将整体的大众市场分解为更易管理、更具针对性的若干部分。更重要的是，请注意它针对每一部分都制定了相应的营销战略。

通过应用市场细分原则，营销者可以更好地利用营销预算，更有效地控制公司的整体营销战略。

营销战略

为了建一座结实又耐用的房子，我们需要制作几份蓝图。相似地，为了建立一家有实力、能赚钱的公司，我们需要制定一项战略。关键是，营销战略是一份计划，它要求组织安排各项符合组织目标的活动，做出明智的投资决定，以创造最丰厚的投资回报。

市场调研和竞争情报

为了全面了解组织所在行业的动态，知道行业发展趋势和竞争对手的生财之道是十分重要的。因为这样有利于改善自身状况并提高市场份额。

市场调研对做出更有利于全公司的决定十分必要。营销要求公司的资源与活动以满足客户的意愿和需求为重点，因而营销调研就是组织根据营销这一理念确定意愿和需求，进而确定如何更有效、更快捷地传达相关利益的方式。

另外，如果有需要的话，那么市场调研还可用于监管并修正营销战略的组成要素。市场调研包括找到问题，确定调研目标，制订调研方案，展示方案，实施方案（收集并分析数据），以及解读并汇报结论这一系列过程。这一系列营销活动有其内在的科学性和艺术性。

定 价

为了以某一价格销售产品，我们必须创造价值。价值是客户对产品能否满足其需求的整体能力的估算。当附加在某一产品或服务上的价值高时，人们就会满意。客户很精明，他们会根据与价格对应的满意度来做出选择。如果一瓶可口可乐的定价是5美元，而一升百事可乐的定价是1美元，那么可口可乐的销量很可能会下降。如果超市只有这两种选择，那么百事可乐的销量增长的可能性较大。

定价指潜在客户愿意交易一件产品，而给该产品附加的价值。一般而言，价格/质量关系仍旧存在——价格越高，质量越好。特别是就个人服务而言，如果某项服务的费用相对于其他类似服务的价格要高，那么客户会期待更高水平的服务。

营销人员可能选择先用较高的价格对市场进行"撇脂"，而后，随着需求在相对较高的价位上逐渐萎缩时，再逐渐降低价格。新型、创新型的产品常会使用这种撇脂定价战略，因为它们的新颖性和独特性能够使其在刚投入市场时保持高价位。但随着仿冒品和竞争产品进入市场，价格就会跌至市场价。

有的营销人员会使用渗透定价战略，也就是用超低价的产品或服务快速抢占市场份额，而这类公司因此会被人们认定为低价商品/服务供应商。例如，沃尔玛使用的就是渗透定价战略。

定价是制定营销战略的强有力的武器，它与组织的经济状况紧密相连。如果没有考虑成本，那么定价过低可能会产生不利的经济后果；而定价过高可能会削减人们对产品或服务的需求及其销量，而这同样也会产生不利的经济后果。

渠　道

客户只有在容易获取某项服务或产品时，才有可能购买它。渠道可以是任何场所，从超市收银台旁边的杂志或糖果（自发购买），到高速公路出口边的加油站，或与儿科诊所位于同一幢楼的牙齿矫正诊所。

渠道使客户的购买过程更容易、更便捷。通常，分销一词可以与营销战略中的渠道交替使用，它包括企业或公司为确保自己与客户的关系而必须做出的决策。而渠道是营销人员建立产品或服务与客户之间关系的方式——产品或服务越简单、便捷和易得，客户就越有可能购买这一产品或服务。

价值链

以上提到的所有营销计划的组成部分，如果没有所有相关环节（即价值链）的协同合作，那么营销计划是不可能发挥它的全部效用的。一般来说，价值链包括以下活动：

- **采购物流**　公司购进原材料；
- **运营**　对那些为客户生产产品或服务的过程的管理；
- **出货物流**　将产品或服务送至客户的方式（如分销系统和将产品送至零售店的承运方）；
- **营销和销售**　创造价值；
- **服务**　使客户期待与产品或服务的表现保持一致；
- **公司基础设施**　公司的组成要以向客户提供最优服务为目标；

- **人力资源管理**　为公司人员创建结构，包括员工聘用、培训、保留和薪酬；
- **技术**　使用技术实现服务的最大化，进而提升客户价值。

品牌建设、广告宣传、促销和社交媒体

每天，我们都被各种不同的广告信息轰炸，无论是在上班路上听的收音机里，在我们收看喜爱的电视节目的间隙，在我们的计算机或智能手机的屏幕上，还是在杂志和报纸中。我们走在大街上会有人向我们散发传单，走在杂货店里会有人让我们品尝食品。广告已经渗透进我们生活的方方面面，而我们中的许多人在多数时候都选择忽视它。而这就带来了问题，如果我们得到了太多这方面的消息，那么广告和促销活动还能起作用吗？

答案仍然是肯定的。如果针对正确的客户并且方法得当，那么广告和促销总是能起作用的。广告的主要规则之一一直都是确保你的信息尽量简单、一致并经常重复。我们可以看到，如果人们经常看到一则广告，那么它就会被很多人记住。这也就解释了为何相同的广告常常会在两个小时的电视节目中出现两三次，因为只有这样，信息才能停留在观众的脑海里。

品牌建设

在每家杂货店的货架上都有奥利奥饼干和汰渍洗衣粉之类的品牌商品。优质品牌是一家公司的重要资产，因为人们愿意支付溢价来购买品牌商品，所以这类商品还能创造源源不断的附加值。一段时间后，由于品牌商品的忠实客户的购买门槛会降低，或者已经没有购买门槛，所以营销成本也会相应减少。

品牌是名称、符号、用语、标志、外观设计或上述元素的组合。它的目的是识别一位卖家或一组卖家的商品和服务，并将其与竞争对手的

商品和服务区分开来。品牌也是确保商品与众不同的所有特征的总和。一家公司可以抄袭商品，但是它不能复制品牌。从某种意义上看，品牌就像商品的"品格"，是商品对客户的"意义"，也是客户看到或使用品牌时激起的一系列情感。

品牌识别

品牌识别是公司的品牌愿景和对客户的品牌承诺。它也是公司品牌或品牌系列对外可识别的身份象征。例如，麦当劳的金色拱形设计就是它的品牌识别的一部分，此外它还代表着便捷和一贯优质的产品。当你点麦当劳的芝士汉堡时，无论你在洛杉矶、哈特福德、上海或莫斯科，它的味道都应该是相同的。同时上餐还要快速，因为它是快餐。此外，因为麦当劳有长久的品牌建设战略，所以顾客知道这不是吃优质小牛排的地方。

品牌形象

品牌形象是客户对品牌的理解。公司会努力在品牌识别和品牌形象之间架起一座桥梁。一致性是品牌或商品促销时的关键因素，一次内容明确且前后一致的促销活动有助于确保品牌形象和品牌识别的相近性。

品牌忠诚度

只购买某一品牌商品或服务的人会被营销人员认为具有品牌忠诚度。品牌忠诚度的级别有很多种，从极端忠诚到"品牌恐怖分子"以及其间的各级别。想一想消费者购买的商品，他们愿意购买任何品牌的洗衣粉或咖啡奶精吗？有的人只用高乐氏漂白剂或咖啡伴侣的咖啡奶精，其他人用自有品牌的漂白剂或一般奶精就可以了，除了价格，他们不会注意其他差别。其他人可能有些时间比较忠诚，然而，如果有推销或促销，那么他们的购买习惯就会改变，转而购买其竞争对手的产品。例如，一位消费者定期购买可口可乐，但是如果百事可乐有促销活动，那么他会转而买百事可乐吗？如果会的话，那么这类消费者对可口可乐和百事可乐都没有品牌忠诚度，而且他们能够转变自己的选择。

当客户使用某一品牌的商品或服务后有不好的体验时，他们就会把自己的不满告诉别人。这类人就会被视为"品牌恐怖分子"，他们会无限放大公司的负面形象，严重的话可能搞得公司名声扫地。拇指规则就是指正面的体验会产生一倍或两倍的积极作用，但是有负面体验的客户会把这件事告诉8~10个人。如果消费者在饭店就餐的体验不好，那么他很可能不仅不会再次来这家饭店吃饭，还会将他的这次负面体验告诉朋友或家人。这同样适用于其他商品。对某一品牌的商品或服务有不好体验的人相较于有良好体验的人，更容易表达他们的不满。

虽然我们无法保证每个人都能完全满意，但公司可以通过高水准的客户服务来迎合客户。他们还可以采取措施争取其他商品或服务的客户，以弥补丢失的客源。

整合营销传播

品牌探索中的一大主题就是一致性的重要意义。公司可通过协调所有促销行动，以确保其品牌价值和所传递信息的一致性。这样，两者可以相辅相成，并可以传递一致的形象和信息。协调各项活动并形成系统或战略计划的这一举动，被称为整合营销传播。

整合营销传播可以形成统一信息并加强对目标客户的影响。公司要传递的信息可通过营销活动得以持续。重要的是，营销战略要与组织目标保持一致。

整合营销传播计划包括四个主要方面：研究和分析、创意领域、规划、实施。

- 研究和分析可用于寻找产品或服务的最佳设计方式，可用于确定可供使用的最有效信息和媒介，也可用于明确以最优价格分销商品或服务的最佳手段。

- 创意领域指实际的广告宣传、广告文案和促销材料的设计。
- 规划整合营销传播计划意味着找到你的目标市场,明确你提供的商品或服务的独特之处,为你的商品或服务设计定位战略(建立与竞争商品或服务相关的精神定位),决定你的商品的最佳信息是什么,以及选择适合你的营销预算的最佳市场营销组合。
- 实施意味着你要组合方案、制定战略并确保活动的顺利开展。

消费品的营销人员,特别是参与者较多的市场上的营销人员会部署整合营销传播,因为当有多个接触点和信息传递联络点时,购买决定更容易受到影响。

大多数整合营销传播人员会从对目标客户进行广泛调查开始——涉及他们的媒介选择、大致态度及生活方式的选择等。根据这些信息,他们可以制定促销信息和社会形象,以供传统纸媒、数字或社交媒体使用。他们还会部署其他方式,以保持与客户的联系,诸如赞助活动、吸引与目标客户一致的观众和参与者。无论是影响蓝领职工家庭人口群体的全美汽车竞赛协会系列赛,还是影响高收入专业人员的PGA高尔夫锦标赛,营销人员都会将上述推销活动与他们整体的营销战略相结合,以建立一致和综合的客户联系策略。

理想情况下,有效的整合营销传播活动会将商品或服务与竞争对手的商品或服务区分开来;可以发挥先导作用(促销之前的活动);确保与整体品牌战略一致并提供支持;传播公司的经验,介绍公司的情况;有助于留住现有客户。

促销组合

促销组合指协调使用不同广告和传播方式,进行有效的营销活动。这种协调一致的活动是有效的整合营销传播方案的一部分。在这一组合中,四大主要推广方式是广告宣传、促销、个人销售和公共关系。

确定最优组合的最重要因素就是找到目标市场。这一点可以通过广泛的市场调研确定。一旦组织找到了目标市场，它就可以针对多个媒介的使用进行调查，以提出影响指定目标的最佳营销组合。例如，如果目标市场是全职母亲，那么公司会发现日间电视节目中的广告是最有效的宣传方式；如果目标市场是职场年轻人，那么营销人员可能发现安排市中心商圈的广告牌和早晨开车上班时的电台节目广告是传递信息的有效方式。

营销预算的规模还会在很大程度上影响所选择的组合方案。电视广告非常昂贵，因此可能不是营销预算较少的公司的恰当选择，至少是不适合选择大电视台的黄金时段广告。通常，一家公司在促销活动上支出的资金额会受产品生命周期、经济总体情况和竞争情况的影响。

促销组合可能需要公司协调客户"忠诚计划"、广告宣传活动及促销项目之间的关系。例如，一家航空公司可以向经常坐飞机出行的旅客集中寄发电子邮件，宣传下个月的订票附送 5000 英里（约为 8045 千米）免费里程的活动。在这个例子中，这家航空公司就是通过"忠诚计划"会员制并利用数字手段发起了促销活动。

广　告

广告是通过电视、广播、报纸、网页和网络、杂志和广告牌等不同媒体，以收费的方式向观众传播信息的方式。公司利用广告告知、说服或提醒目标市场关注它们的产品或服务。大致而言，按功能的不同，广告可分为比较广告、提示性广告、信誉广告和行业广告四大类。

比较广告旨在使用广告来区分本公司产品和市场上其他类似产品。例如麦当劳和汉堡王就曾使用比较广告，对比它们制作汉堡的方式。"百事挑战"这一营销活动是另一种形式的比较广告。在这一活动中，顾客需要接受盲测试验，以验证他们是否能够品尝出不同可乐的区别。

提示性广告用于已在市场上比较成熟并且已获得较高品牌识别度的产品。可口可乐使用提示性广告，以展示其饮料在炎热的天气里会有多清爽；而百威啤酒则想提醒顾客"享受百威之夜"。有的广告利用怀旧情怀来提醒观众他们童年时对某一产品的喜爱，例如奥利奥饼干。虽然人们的味蕾已经变得"成熟"，但很多人仍旧留恋并享受这一美味。

信誉广告宣传的是公司、组织、政府部门或某一概念或理念，而不是某一件具体的产品。例如，世界上最大的化工产品制造商巴斯夫公司的广告语是："我们生产的商品不是为了让您购买，而是为了让您有更好的选择。"另一个例子是征兵广告，它告诉所有可能参军的人："这里能成就你所能成就的。"

行业广告宣传的是整个行业，而不是一家公司或一件产品。最受欢迎的一个案例就是由加利福尼亚州乳品加工协会发起的"牛奶胡子"广告宣传活动。另一个案例是威斯康星州乳品协会发起的"想要一块芝士"宣传活动。

广告媒介

每个媒介种类都有优势和劣势。当选择要用哪种广告媒介时，公司必须了解其广告的目标受众是谁，以及影响他们的最有效方法是什么。在各种广告媒介中分配营销预算是一个不小的挑战。一方面，宣传媒介丰富多样非常重要，但这也意味着资金要分散在多个媒介上，而这会造成每种媒介所产生的效果都比较差。另一方面，如果公司"把所有鸡蛋都放在一个或两个篮子里"，将整个营销预算放在一种或两种宣传媒介上，那么它们从这一两种媒介上可能会收获较大的反响，但它们会失去可能通过其他媒介影响到的目标受众。

电视

历史上，电视广告是影响美国观众的首要媒介。虽然费用高昂，但电视广告能够即刻影响最大比例的美国人口，并且由于其可视可听的特点，它在这个网络时代仍然极具吸引力。

电视广告可分为国家频道、地方频道和有线电视广告。选择电视网络种类要依据营销人员想要影响哪类受众而定。如果广告是为了宣传一家地方饭店，那么广告业主可选择只在地方电视台、有线电视频道或国家电视网络的地方广告平台进行广告宣传。如果受众是西班牙人，那么公司可选择在Telemundo电视台等西语有线电视台做广告，或在观众主要是西班牙人的电视节目间隙播放广告。

广告播放的时间也是公司为了影响受众所必须做出的一个重要决定。一方面，预算的限制也是决定广告播放时间的因素。"超级碗"的广告价格十分昂贵，但它在影响体育迷这一受众方面却是物超所值。另一方面，电视广告只播放10秒、30秒或60秒，所以为了让广告信息能被目标客户记住，多数电视广告需要重复播放。这自然会导致成本提高，但重复播放不只为了延长播出时间，还是为了促进观众回忆优质的广告信息并提高它们在观众中的"心理份额"，或是为了潜在客户收看广告后，做出购买决定时，商品或服务能在其心目中留下良好的印象。

纸媒广告

报纸和杂志上的广告是用公司信息影响客户的另一种方式。纸媒广告之所以有效是因为它们可看，并且可以出现在多种不同的出版物上。向客户出售产品或服务的营销人员可选择《时代》周刊之类的国家级出版物，或《芝加哥论坛报》等地方报纸。如果想要向其他公司销售产品或服务，那么销售公司经常会在它们想要影响的产业的行业出版物上做广告。公司也会选择专门出版物作为目标。例如，一件新的计算机软硬件产品可以在《微电脑世界》或其他专门的科技出版物上做广告。相比电子媒体广告，纸媒广告有更长的"寿命"，也更利于"讲述"商品或服务价值的"故事"。

电　台

虽然没有视觉上的吸引力，但电台广播却是影响目标客户的一类有效媒介。电台听众平均一天会收听三个小时，并且比较稳定。在促销组合中使用电台广告时，我们需要确保公司及商品或服务的说明足够清晰。与电视相同，我们也要找到针对目标客户的正确电台。如果是面向大学生的酒吧，那么可选择晚间的校园广播或另类的摇滚电台；如果目标受众是老年人，那么在新闻台或脱口秀上做广告则更为有利。

直邮广告

向消费者的家里直接邮寄广告或促销材料是另一种普遍采用的影响客户的方式。直邮宣传活动由于打印费和邮费，成本较高。但如果针对的是正确的客户，那么这类宣传活动就会十分有效。而且，重要的是，如果宣传活动包括优惠券或促销代码，那么追踪直邮活动的有效性就会比较简单。公司常会购买客户名单或自己收集数据来建立邮寄客户数据库。之后，名单上的人就会收到有针对性的邮件。

电话营销

电话营销在美国会受到全美"谢绝推销来电"登记目录的影响，但这一方法仍旧被人们采用，特别是对于政治营销更是如此。电话营销的负面影响是多数人都不喜欢在家中被电话骚扰，不过，大量营销人员也发现：惹怒不欢迎电话营销的人所带来的风险与电话营销所带来的有效结果和好处可以相互抵消。

户外和"家外"广告

多数户外广告的投资都用在了广告牌上。广告牌是影响某一地域的通勤者和客户的普遍方式。数字广告牌为这种老式的广告宣传方法提供了新的机遇。有了数字广告牌，广告商可以更新它们的广告牌信息，快速设计并使广告牌上的内容像电脑或智能手机上的动态信息一样不断更新。对于数字广告牌的提供者而言，由于广告牌内容可以每分钟"滚动"数次，所以数字媒介提供了用同一块广告牌服务多个广告客户的机会。其他形式的户外广告（也称"家外"广告）包括体育馆广告、公交候车亭海报或公交和出租车上的标语。

广告趋势

许多广告商会利用名人，并愿意将一大部分广告预算用于聘请名人为品牌代言。从威廉·夏特纳为Priceline.com网站的低廉交通费用而宣传，到蒂娜·菲使用美国运通卡来宣传，名人成为广告宣传信息和活动的一部分。当然，使用名人作为代言人是有风险的，例如，聘用O. J.辛普森作为赫兹租车的代言人就带来了很大的风险。

当选择为商品或服务背书的名人时，重要的是要找到适合特定商品或服务的那个人。名人和商品之间的联系应该是可信的。同样重要的是，为商品背书的名人要可靠，他们或者应该具备某一领域的专业技能，或者应该具有值得信任的品质。

赞　助

另一个常用的宣传和广告形式就是赞助。作为一种广告形式，赞助可以允许公司投资一项体育赛事或活动。具体的赞助金额不等，可以是一家体育公司为一个大学体育队提供印有其品牌名称的队服，以宣传其品牌；也可以是一家公司为大学橄榄球季后赛提供赞助。如果由名人代言，那么要注意公司产品或服务应与其赞助的赛事或活动的性质相符。通常赞助一项活动会给赞助商带来各种福利，例如客户获赠入场券、收到活动伴手礼或样品，赞助商的广告也有机会出现在现场观众和电视观众能看到的运动服装、广告牌、得分牌或旗帜上。

专题广告片

专题广告片是加长版的电视广告，通常是非黄金时段在成本较低的电视台或电视网络上播放。这类广告片的时长至少为半个小时。通过专题广告片销售的最常见的商品有健身项目、护肤产品和厨具。专题广告片常常也会利用名人效应，并提供实体店没有的产品。

促 销

促销指用于销售产品的多种活动。这类活动可以在短期内刺激客户购买商品。促销这类活动还会改变目标受众所理解的商品的价格和价值的关系，以促成即刻购买的效果。促销也有可能通过让优质商品的价格变得更加亲民，从而提升品牌的长期价值。

促销一般是有时间限制的活动，它需要顾客以立即购买或其他行动的形式参与其中。促销的根本目标分为战术目标、战略目标和最终目标。战术目标能遏制竞争对手市场份额的上涨，对抗其他竞争对手的促销活动，或促进那些销量下滑、库存积压、产品损毁或销售速度较慢的品牌的产品的销售。战略目标则是为了刺激消费者放弃竞争性品牌，促进消费者购买自家产品或服务，加强品牌营销沟通并提升品牌忠诚度。促销的最终目标是增加销量、利润和市场份额。

向消费者促销

向消费者促销的目标是让消费者尝试公司的产品。向消费者促销包括返现、赠送优惠券、赠送小样、售点展示、抽奖和赠送"特例产品"。

无论是从报纸或杂志上剪下的、通过邮寄收到的，还是从网站上下载的，优惠券都是一种非常普遍的促销形式。这种优惠券非常有效，特别是在经济下行期间，可以吸引人们走进饭店或促使他们重复购买某些产品。

电子优惠券在吸引顾客方面极其有效，大部分点击领取电子优惠券的人都会将其兑换和使用。最常使用电子优惠券进行销售的有日用百货、书籍、保健品和音乐类商品。

优惠券不利的一面在于它们并不鼓励对品牌的忠诚；对于多数经常使用优惠券的消费者而言，如果有更大的折扣，那么他们就很愿意更换品牌。

返现是制造商或销售商提供的退款。它们常会使用邮寄或电子邮件返现的形式作为促销手段。消费者必须正价购买该商品，之后填写表格并提交回执,才能收到返现。返现活动使营销人员能够以返现后的低价推销某件产品,并为顾客节省大量金钱,但这也需要满足某些条件。

样品试用

公司常会寄送或分发一些样品来吸引可能不会选择其产品的顾客。饮料公司的目标可能是大学生,为此它们可能会在校园分发一些软饮料。食品公司可能会在百货商店设立柜台,以供消费者品尝他们的新薯片。这类促销的目的是向消费者介绍新的产品或服务,以建立品牌忠诚度。样品试用可能是一种成本较高的吸引顾客的方式,而且常常会导致浪费,但它却是促使顾客改换品牌的非常有效的方法。

抽奖和竞赛

抽奖和竞赛是另一种促销方式。通过此方法可以收集客户数据,客户可通过输入数据来赢得奖品。公司可以利用所收集的参与者的信息,建立以后开展促销活动的目标名单。公司必须确保所有抽奖或竞赛的规则公开、公正,以避免法律上的麻烦。

为了举办一项成功的抽奖活动,公司必须遵循的部分规则包括:说明参加者条件,说明不参加促销活动的地区,公开促销活动的结束时间,解释随机抽奖的程序。公司还应说明奖品设置细节,公开获奖概率,宣布活动参与的截止日期,保留使用并公开获奖者姓名和照片的权利。

卖点广告

卖点宣传指设立在商场且主要是为了展示产品的展台。在百货商店,卖点常设立在商店前面或过道的两端,或者设置在过道或货架上。由于很多人都会在最后一分钟做出购买的决定,因此卖点广告总会非常成功。

捆绑销售

有时，公司会把几件商品进行捆绑销售，以便推销新产品或鼓励消费者试用赠品，例如买洗发水捆绑免费的小瓶护发素，或买剃须膏捆绑免费的一次性刮胡刀。有的公司还会提供优惠套装或加量20%的特例产品，以鼓励消费者购买该产品。

赠　品

公司会采用的另一种方式就是赠送专门促销产品（意思是大家都可以得到的东西）。这些赠品可能是印有公司或品牌名称的帽子或T恤。例如，如果你申请新信用卡，那么信用卡公司会赠给你T恤。啤酒厂可能会向在某几个晚上购买它们品牌啤酒的顾客免费赠送啤酒杯。酒厂会派代表去演唱会、酒吧和俱乐部以免费赠送促销品的方式来推销产品。

贸易促进活动

贸易促进活动面向B2B（公司对公司）业务模式下的营销中间环节，而不直接面向消费者，这与常规的营销方式不同。例如，零食生产厂家会向购买大宗产品的零售商提供折扣。当厂家提供经济上的激励措施，并能够有效地削减产品成本时，这类促销方式是最成功的。

因为渠道是促进消费者购买的重要因素，所以另一种形式的贸易促进活动是某一品牌购买某一零售商店的货架位置。与靠近地面那层货架的同类产品相比，与视线相平行的那层货架的产品售出的比例更高。品牌商品厂家愿意支付这笔"进场费"，让它们的产品醒目地陈列在零售商店的预期货架上或更好的位置上，比如端架（每排货架的两头），因为消费者在店中购物时，端架更容易、更经常被他们看到。

人员推销

人员推销是指采用个人推销展示的形式来影响顾客购买商品。人员推销这一促销方式常用于顾客位置较为分散、商品科技含量高、商品价格昂贵或商品采取直销方式的情况。这种策略常用于B2B业务模式下的销售，而非B2C（公司对消费者）业务模式下的销售。

这一销售过程需要销售人员通过确定谁有可能购买他的产品，来识别目标顾客。一旦确定了目标顾客，销售人员就要与他们取得联系。见到潜在顾客后，销售人员要进行销售展示，说明客户有多需要其销售的产品或服务。销售人员应做好准备，回答客户的问题。在展示之后，销售人员的目的是趁客户对展示的印象还深刻的时候完成销售。销售之后对购买者的跟进是十分关键的环节，但是常常被忽略。同时，这一环节对建立长期关系十分有效。

关系战略

制定有效的关系战略是与客户长期合作的关键，它反过来还可以使客户产生对公司的忠诚度。优质的客户服务及对客户一视同仁是确保健康关系的第一步。对客户一视同仁包括处理客户投诉，找到纠正错误的行之有效的解决方案。虽然客户不总是对的，但我们要永远对客户宽容以待。为客户提供真实的信息并建立与客户的私人联系，是为客户提供良好服务的关键。

公司的内部结构对建立客户关系的能力至关重要。公司经营业务时应重视成本效益，应具备人际交往能力并了解与所提供商品相关的技术知识。

对于许多专业服务供应商而言，它们的员工应与客户的沟通更加频繁，因而员工对客户服务和客户满意度的重视程度应与供应商一致。

例如，对于预约医生而言，病人（也就是顾客）花了很多时间进行电话预约，先是同接待员预约，而后可能还要与护士做关键信息的基本评估，最后才能见到医生。虽然医生可能接受过良好培训，可以给予足够的医疗关怀，但是，如果诊所团队的其他三四名成员并没有像实际提供医疗关怀的医生那样，提供相同的关注和关怀，那么，即使看医生才是此行的主要目的，患者对这次就诊的整体满意度也会受到负面影响。

此外，公司发现谁是最有价值的顾客也很重要。这类顾客是通过购物给公司带来最大利益的人。公司应该将经营长期关系的精力放在这类顾客身上，因为这会给公司带来更多的利润。在因高昂的营销成本而变得十分复杂的竞争环境里，多数营销人员都转而采取"争取更大顾客群"而非"更大市场份额"的关系战略。

许多公司会采取多种客户关系管理形式，以追踪客户购买情况，据此决定创造利润最多的客户，利用收集的信息向客户提供有针对性的营销、产品或服务。许多银行都开始提供此类服务项目，你可能会注意到当你打电话索要账户信息时，客服代表会向你介绍其他产品。电话公司也采取了同样的做法。这是向现有客户推荐新产品和新服务，或促使他们购买更多产品和服务的非常成功的方式。

公共关系和宣传

公司的公共关系和宣传活动有助于其经营其与多个受众的关系，同时也有利于与它们的沟通。公关活动就是为了在公众眼里树立良好的形象。

一方面，有利的宣传活动可以提升一个公司的形象，并增加对其产品的需求。与"需要付费的"广告相比，一篇与服务或产品相关的正面宣传文章或评论能够更加有效地提升公司的信誉、可信度和权威性。另一方面，负面的宣传可能会破坏组织的名声。多数公共关系战略都包括发布新闻稿、举办特别活动和媒体发布会这三种方式。

新闻稿是公司公开出版的文章或简短的新闻稿。新闻稿提供的信息经常与公司发生的事件相关：聘用的新人、推出新的产品或服务或管理层的变动。这也是获得关注，促使公众产生认知并维持这种认知度的有效途径。

许多公司会赞助特别活动，例如产品的发布会。时尚公司可能会赞助时尚秀，展示新的服装系列；歌手或音乐家可能会为他的新专辑举办专辑发布派对。公司常会邀请重要客户、行业内部人士和媒体参与此类活动。

举办新闻发布会的个人或公司应亲自向媒体宣布最近发生的事件。这也是政府部门或各类组织通报社会上最近发生的与其有关的事件，以遏制流言散播的有效方式，因为信息应该是由源头直接发布的。

网络营销和社交媒体的重要作用

为了进行有效的网络营销，公司需要设定与其有关的网络地址，并为网站的运行打下基础。这就需要你选择那些能够描述该公司或包含该公司名称的域名。网络的爆炸式增长使注册一个与公司名称恰好匹配的域名变得十分困难。这里的关键在于选择的域名要对网站访客和寻找该公司产品或服务的人是有意义的。重要的是，选择的名称要方便记住，不要过长。如果人们记不住域名，那么他们也很难找到你或再次浏览你的网站。

建立电子邮件系统

由于电子邮件是公司和其网站访客之间的联系纽带，因此注册电子邮件地址同选择正确的域名一样重要。别忘了在电子邮件中加上签名。签名应包括联系方式，比如电话和传真号码，脸书、领英和推特上的个人资料，公司网站主页的链接地址。

网站的重要营销使命

设计精良、专业的网站不仅会在视觉上具有吸引力，还会鼓励网站访客停留更长的时间，并促使他们将公司推荐给朋友。

视觉吸引力：利用感官的力量，吸引注意力

从童年开始，我们就认为眼见为实，因而就更无须说相较于阅读文本而言，视觉画面会对人的思维造成更大的影响。感官营销的概念不是

刚出现的。醒目的网站是创造力和视觉的正确组合，这也是找准市场地位和吸引更多的客户所需要的。

想象一下，客户通过诱人、有吸引力和信息丰富的网站寻找正确的信息时，网站吸引了它的注意力。这一现象就是谷歌提出的零类接触行销术。这时就需要营销了，信息收集、消费者做出选择都在此刻发生。不管一家公司业务的所在行业是什么，消费者做出的选择都会影响其品牌的成败。

在客户的眼中，网站反映了一家公司的情况。如果网站看起来很廉价，并且不便于使用，那么这将给网站访客留下不好的印象。为了将浏览量变为销售线索，高品质的网站至关重要。它应该能使消费者快速了解这家公司能够怎样满足他们的需求，客户怎样接受服务，以及公司的竞争优势是什么。

登录页面的重要性

一个品牌的登录页面经常被称为首页或登录界面，它是介绍其各类产品的纽带。这就到了网站发挥功用的关键时刻。在这个重要节点，网页的访客或者选择继续关注这类宣传，或者转而浏览其他网站，所以优化登录页面至关重要。

登录页面为品牌的宣传起到预热和先导的作用，因而应该有激起客户兴趣的能力。只是简单地促使网站访客登录主页，对于转变对方预期来说是无效的。登录页面提供的是一种简化后的路径，旨在引起某一具体的反应——要求与访客进行面对面的互动。登录页面的设计应满足以下目标：

- 使网站访客可以进入其他网页；
- 促使访客购买；
- 鼓励访客评论或提供反馈；
- 获得访客允许，可以以电子邮件、电话等形式进行跟进。

第九章 营销、战略和竞争力分析

保持简单

你在创建登录页面时，重要的是要保持简单。网站访客感觉越复杂，客户转换率也就越低。

采用互动性图表

你抓住网站访客的注意力只有八秒钟的时间，因此你要尽可能地使用图像和视频来描述你的产品或服务。这不仅会使登录页面更加有趣，还会提高客户转换率。

当然，一个好的网页设计不仅仅是后台运用的炫目技术。一个令人印象深刻的、具有视觉吸引力的网站设计，还会自带与用户互动的属性。因此，访客会花更多的时间浏览网页，更仔细地观看公司的运营和产品的相关介绍。为了成功，一个网站需要：

- 便于人们查找信息；
- 反映组织最好的状态，看起来专业、可信度高；
- 在强化品牌信息的同时，保持吸引力和专业性；
- 搜索引擎优化友好型，以提高网站在搜索引擎上的排名；
- 定期更新；
- 互动性强，重要的是要融合创新和互动性因素，如以访客登记簿或电子邮件的形式确保客户的持续关注，并给他们一个再次访问网站的理由。

添加元标签和关键词

如果没有元标签，你就不能将网站提交至搜索引擎，因为元标签是几家主要搜索引擎用来计算排名的。这类标签不仅提升了网站在搜索引擎上的排名，还会在搜索结果中显示有价值的信息。

虽然只有少数元标签可以在提升网站宣传力度方面发挥直接的作用，但我们也可利用其他元标签提供有关组织网站内容的有用信息。除了元标签，关键词在帮助搜索引擎编录索引方面也发挥了重要作用。在为一个网站选择关键词时，我们要考虑以下三点。

- 不要为了影响搜索引擎，而用关键词造成网页的超载现象。这实际上会产生反作用，网站会因关键词堆砌或滥用而遭受惩罚。
- 花时间提炼出能够恰当描述你的组织的关键词。确保这些关键词有效地应用于元标签和网页中。为所有网页添加描述性的标题也很重要。
- 浏览器最上面一栏和用户书签列表上显示的标题，不仅可以帮助网站获得好的搜索引擎排名，还有助于网站访客确定搜索内容。

在确定网站的搜索引擎排名时，多数搜索引擎不仅考虑关键词，还会考虑网站上和通往网站的链接的数量和质量。所以，你会怎样定义优质链接呢？

当提交搜索要求时，搜索引擎会显示成百上千条搜索结果。我们的目标是让公司的网站出现在头几条搜索结果中。简单来说，吸引访问需要好的搜索引擎排名。

搜索引擎在决定搜索引擎排名时，会考虑多种因素，包括该网站应出现在搜索结果的哪一部分。从加载速度到相关关键词，再到优质的反向链接，每一方面都很重要。但是，最重要的考量因素之一是量、质及网站上和通往网站的链接关联度。

反向链接，又称来自外部网站的链接，是有通向其他网站的链接的网页。这些链接是谷歌、雅虎和必应等几大搜索引擎计算排名的重要组成部分。它们不仅有助于搜索引擎找到网站，还有助于提高搜索引擎排名。

释放网络的力量，驱动销售漏斗

我们可以将销售漏斗描述为客户从公司购买商品起所需经历的过

程。简言之，它用图的形式展示了目标客户实现最终目的——购买产品或服务——的流程。

一个不大知名的品牌需要更为全面的销售漏斗，才能使客户相信这一品牌。最终，目标就是通过销售漏斗的不同阶段最大化目标展望的过程，以提高销量并从中获利。

阶段1：提高网站访问量

网络营销活动的重点是促使他人访问组织网站，而这一工作要通过在博客、文章、可下载资源等内容中加入对潜在客户有用的内容来完成。

网站内容丰富的公司明白人们需要信息是为了形成自己的观点和态度。而在提供信息方面，没有什么能够赢过互联网，无论你采取的是博客、网页还是文章等形式。

虽然好的网站对于在当今互联互通的世界中取得成功十分关键，但是它仍需要人们长久而巨大的投入，才能为时间、金钱和精力的投资带来好的回报。为了保持网站在搜索引擎上的排名，创作网站内容十分重要。

定期用优质内容更新网站可以保持或提升网站在搜索引擎上的排名，并且可以吸引更大的访问量。换言之，网页包含越多的优质内容，在搜索引擎上吸引更多的访客的可能性也就越大。

为了鼓励用户积极参与并吸引更多的访客访问网站，确保所有网页之间衔接恰当十分重要。此外，当搜索引擎评估一个网站时，它们常会评估连接到组织网站的优质链接的数量，并据此确定排名。一个网站越受欢迎（有更多的优质链接），它在搜索引擎上的排名就越高。

阶段2：产生销售线索

通过建立、设计并监管网站，实现网站访问量最大化之后，互联网营销销售漏斗的下一个阶段就是促使销售线索的产生。如果网站能够成功地吸引访客的注意,那么保证他们持续关注,促使他们通过销售漏斗就十分重要。

我们需要记住的另一个关键点是"线索培养"这一概念,这是与不成熟的潜在客户建立关系的策略,否则他们很有可能不会通过这一销售漏斗。虽然这一阶段的潜在客户可能不愿购买商品,但潜在客户的培养和相关信息都会有助于维护客户关系,并且在时机恰当时还有助于挽回客户。

阶段3:产生潜在客户

销售漏斗的下一个阶段就是促使潜在客户的产生。这是漏斗的中层,在这一阶段,目标客户可能会表现出消费上遇到的障碍。这一阶段的目标是激发信任感,并向积极的购买决定发展。这一阶段很可能是销售渠道最重要的一个阶段,特别是当组织推出的是参与度较高的产品或服务(如游轮旅行、学习MBA课程及购买汽车等)的时候,因为这些商品或服务的购买都需要长时间的认真考虑。这一阶段很可能需要对潜在客户做大量工作,并耗费很大精力为他们提供所需的其他信息,才能使他们做出购买的决定。

阶段4:产生销量

销售漏斗的最后阶段是成交,这一过程的最终结果是售出商品并创收。将这次销售转变为长期关系十分重要,因为忠诚度会使总体营销成本下降,帮助公司赢得好口碑。满意度高、忠诚度高的客户还会为公司介绍更多新的客户。

社交媒体的营销力量

脸书、推特、领英和照片墙等社交媒体网站在发展社交网络、最大化品牌可见度和吸引更多网站访客等方面提供了重要平台。许多公司已经发掘了社交媒体在打造品牌方面的潜力，并逐渐将更多的广告预算分配在社交媒体上。这里的关键是告知大众并引领他们访问网站，获得更多信息。

社交媒体不只是创建脸书页面或建立推特账户，而是需要得到公司真正的重视。

一旦在社交媒体网站上完成自我介绍之后，最重要的一步就是发布有趣和信息丰富的内容，留住关注者和粉丝。现在专门有工具用于组织、协调和简化多种社交媒体账户的更新过程。通过预约次数和时间，跨社交媒体网站可以自动发布信息。线上媒介和分享机制可协助你上传并分享视频、文件和播客等内容。

电子邮件营销

通过电子邮件营销，可以很方便地联系客户，并有助于客户与其社交网络共享信息。而且客户传播信息的次数越多，你的网站访问量增长和活动发展的速度就越快。

为了建立电子邮件通讯录，需要邀请联系人访问网站并向他们提供有用和可利用的信息，让他们觉得访问网站是值得的。这一名单可用于确保客户的持续关注，以参与并维护这一线上关系。扩展电子邮件通讯录需要交换一些重要信息。

道德和监管问题

促销活动涉及的道德问题非常关键。最普遍的非道德行为以吹捧和欺诈为特征。吹捧是对产品的优势进行夸张的宣传。虽然吹捧并不违法，但它可能会导致公司在公众面前失去声誉。欺诈指公司故意做出不真实的承诺。客户对欺诈有合法追索权。欺诈行为的一个例子就是诱购广告：公司为正在销售的产品做广告宣传，但当客户前来购买时，该产品却不存在，公司转而提供另一种较贵的产品作为替代。

引起道德争议的另一个领域就是向儿童和青少年营销。当涉及烟草或酒精饮料时，这一问题尤其会引起人们的担忧。公司将客户目标定为在法律上不能购买其产品的人是非法的。

饮料公司与提供其品牌饮料的学校签订校园专营合同，也会引起人们对于向儿童营销是否道德的担忧。这虽然不是非法行为，但也颇受争议。有的人会认为学校受到了公司的控制，因为这样校园里的儿童会习惯使用该产品或只购买这种品牌。

将营销作为投资

擅长营销的公司了解自己、它们的客户以及哪些产品能够满足客户的需求。这需要我们投入时间和金钱来准确地判定形成三角形的这三方是否足够契合。

例如，ABC公司已经创建八年，从事线上专业服务，某位客户也正好需要这种服务。最重要的是，该客户愿意购买这一服务，而且ABC公司也是当时唯一提供此类服务的公司。大家可能会认为ABC公司可以创造稳定且强大的收益来源。然而不幸的是，ABC公司的CEO不认同有必要投资持续一致的营销战略和有针对性的营销活动。他反而选择用较低的薪水雇用没有经验的销售人员。这些员工没有动力，也没有获得相关支持，因而难以销售该公司的服务项目。因此，由于缺乏营销方面的投资，该客户甚至不知道ABC公司的存在。这种落后的战略思维所带来的附带影响可能是以下任何一种情况：不能按月向员工支付工资、士气一蹶不振或公司声誉扫地。

成为营销组织：真实地对待自己

正如之前的章节所讲的，营销是建立战略规划的过程。但是，如果组织整体不买账，那么要成为营销组织就会很难。

营销组织肯定是一家公司（不论从事何种行业，职能如何，规模多大或位于哪一地区），公司内各级别都秉承同样的理想，并且都有留住客户的统一方法。比如，美国西南航空公司建立了一家营销组织。它有以下三种公司政策。

- 履行黄金法则。"我们每天都要选择，选择将我们的员工作为首批客户，将我们的乘客作为我们的第二批客户。"
- 互相帮助。
- 放松做自己。

贯彻、贯彻、贯彻

为了确保将自身打造成一家营销组织的理念贯彻到公司的每一个部分和与客户的每次联系中，西南航空公司就需要注意的客户既包括购买机票的乘客，也包括西南航空公司旗下的员工。西南航空公司打造营销组织（或营销文化）的能力可以帮助该公司应对经济衰退和行业颓势。

成为营销组织还会使整个团队明白公司产品对客户的价值，并秉承"销售即生活方式"的理念。

例如，咨询公司可安排战略顾问在客户办公室研究项目。这样一来，顾问能够观察客户每一阶段业务的运营状况，因而可以从内部了解客户的需求。这可以创造提升销售额的机会。提升销售额是增加现有项目的产品或服务的过程。对于所有营销人员来说，与努力寻找更多的客户相比，从现有客户身上获得更多利润是更为有效的整体营销战略。

提升客户忠诚度是更为明智的长期战略，因为满意度高的客户会变为"销售人员"，吸引新的客户。另外，满意度高的客户会信任你的公司提供的产品，并且更容易增加购买的数量和频率。与现有客户相关的营销成本会因此降低，利润则会相应提高。耗费成本最高的客户是新客户，成本效益最高的客户则是现有的客户。

加强营销工作并促使各层级员工产生信任的方式有以下三种。

- **交流** 公司要确保决定在公司各层级得到快速和真实的传递，这样员工的问题、担忧和流言都不会爆发。
- **培训** 培训对于确保每位员工准确了解公司如何创收,以及个人在此过程中会受到何种影响至关重要。组织各层级进行持续的客户服务培训,可以极大地提高公司营销战略的效率。
- **贸易工具** 当有合适的工具时,人们就会采取行动。因此,重要的是创造工具,减轻员工的工作负担——无论这项工具是技术系统、向客户分发的手册,还是透明的工作过程。

战　略

简而言之,战略是连接公司内部环境和外部环境的桥梁。它可以平衡资源,以适应外部环境中发生的改变并从中获益。

战略还是将长期愿景转变为日常策略,以完成长期规划的决策过程。虽然人们通常认为战略只会出现在商业计划中,但战略其实是一种持续的评估、再评估和分析的过程,它可以为公司提供持续的指导。战略就像是轮船驾驶室里的船长,他不断巡查地平线和周边情况,并据此调整航线。如果地平线上出现风暴或有阻挡航线的障碍物,那么船长就会改变轮船的航向。

市场定位和战略

公司在市场上的定位是战略程序的重要组成部分。定位可以被看作公司通过竞争优势锁定某一部分市场所有权的方式。

可持续战略和定位的关键是综合营销系统。竞争优势源于认清公司定位,制订战略规划并参与整体综合营销系统的能力。公司的所有行动都应相互配合且相辅相成,组成运行良好的机制,在客户脑海里形成区别效应并创造竞争优势。

战略涉及公司从运营到财务,再到人力资源的各个方面。针对正确的人、依据正确的目标来选择适当的战略是很有挑战性的,然而它却为整个组织提供了非常重要的信息。整个公司都必须就战略和信息进行持续且清晰的沟通，以保证它们得到有效的贯彻和传达，从而使组织实现可持续发展。

策略

战略和策略之间的区别是什么？战略指整体方向、长期的目标标识和指导组织如何前进的力量，而策略指实施战略的具体步骤。换个角度考虑它们之间的区别，那就是战略强调的是长期，而策略关注的是短期，即策略是为了贯彻长期战略而计划完成的短期行动。

例如，ABC公司是一家卫生保健中心。战略上，公司领导层决定开发一家面向30~65岁女性的保健中心，营造舒适的环境，供她们健身、减肥并养成更加健康的生活习惯。该公司的战略地理定位是在城郊成立保健中心，因为上述女性中的绝大多数都居住在这里。

实施这一战略所采用的策略包括编辑一致的信息和广告，反映公司的使命；面向该市场分区聘用女性教练，给女性客户带来舒适的体验；并提供针对女性客户的卫生保健资料，建立ABC公司和这一市场分区的关系。

PEST分析

虽然PEST分析在制定长期战略时很容易被公司忽略，但它却是用于分析外部环境并为战略规划奠定基础的方便记忆的缩写名称。PEST分析又称作环境扫描，用于评估市场的政治（political）、经济（economic）、社会/人口统计学（sociological/demographic）和技术（technological）环境（无论是正在形成的，还是已经形成的），并提供了影响行业或该行业内公司的外部环境的概况。

政治

当进入国外市场时，任何新兴或现有市场的政治情况都有重大意义，因而非常值得研究和了解。

现有的政府政策和规章可以遏制新的参与者进入本国市场，这种现象在全世界欠发达或发展中国家尤其常见。这些国家可以利用新的规章和政策对现有市场参与者即刻造成影响，其结果可能是积极的，也可能是消极的。

例如，即使美国20世纪90年代的《金融服务法现代化法案》废除了新政时代的《格拉斯－斯蒂格尔法案》，并允许部分公司扩展其服务，但它仍对之前经营业务单一的公司造成影响，因为这些公司依据法律不得出售组织和投资服务。

同样，2002年的《萨班斯－奥克斯利法案》禁止从事会计和金融服务业的公司提供咨询和审计服务。此外，政府政策可能给公司增加额外开支。例如，20世纪90年代末的《健康保险流通与责任法案》要求医疗组织和所有相关公司保护患者信息，因而导致健康和保险服务提供者的成本增加。

经 济

州、国家或地区的经济状况与福利水平也会对公司的决策过程造成影响。如果一个地区的经济状况良好，而且当地的客户有创造购买力的途径或潜在途径，那么公司就可考虑在该地区销售产品或服务。

社会/人口统计学

在环境扫描方面，我们会关注市场人口的趋势和因素，例如，会为整体战略带来机遇或威胁的社会态度或人口变化情况。就组建公司劳动力和客户基础这方面来讲，PEST分析的这部分内容还包括对当地市场教育水平的评估。如果教育水平过低，那么培训潜在员工和针对潜在客户的教育型营销方式的成本都应在考虑范围内。

"婴儿潮"一代的老龄化这一人口现象影响了许多组织的发展战略。值得注意的是，美国退休人员协会最近就此现象的对策是自我转变，让协会的形象向嬉皮士靠拢，以吸引"婴儿潮"一代。毕竟这批人在没有到退休年龄之前，一直都在嘲讽这一协会的存在。

技　术

　　这里的技术一词不仅指当代技术，即用计算机和系统来有效地管理业务，还指支撑现代系统和进程的必要基础设施。当然，网络技术的推广影响了绝大多数组织，这一技术甚至使规模最小的企业都在全球产生了影响力，并使这些企业以最低的成本影响了上百万名潜在客户。因此，公司的战略可能受到了技术变革的影响，而且技术变革的速度还意味着这一变量必须得到持续的监管。世界上的某些地区（甚至美国）在没有庞大且惊人的支出和投资的保障下，是不能支撑这些系统运行的。公司必须关注所在国或所在地区的通信、交通和电力系统条件，以及上述系统的使用成本。如果条件良好、成本适当，那么公司就必须分析最终产品或服务的质量，以及能够持续向最终用户/客户提供产品或服务的可信度。

<h3 style="text-align:center">战略思维模型：波特五力模型</h3>

　　20世纪70年代，哈佛大学经济学家迈克尔·波特创建了一个黄金标准，用于指导在当代如何制定和分析战略。这一方法被称为波特五力模型，用于分析公司运营所处的行业和竞争环境。如果设置正确，那么搭建的框架就可以描述出公司竞争所处的实时环境，使公司能够从大局着眼。这样，公司就可以据此制定长期战略，以确保决策更有效，公司发展更具持续性。

　　波特认为行业的潜在利润可由五种力量的功能所代表，这样，我们就可以据此确定公司在这一行业取得成功的潜力。波特五力模型是用来评估战略桥梁的外部环境部分并确定某一活动在某一特定时间的吸引力的。这一模型可用于任何行业、任何地域的任何规模的公司，并且可以定期使用以持续观察市场、市场动向和进出市场的竞争对手。

以下是波特分析框架的主要构成部分。

市场准入门槛

准入门槛也被称为新进入者威胁，指遏制公司进入某一市场的力量。一般来说，人们总会听到这样的话："……电信市场的准入门槛极高……"或"……冰激凌这一行业的准入门槛似乎比较低……"

准入门槛对行业的原有参与者和初来者一样，都非常重要。波特观察到的门槛一般包括规模经济、产品差异化、资本适足要求、不计规模的成本劣势、有无销售渠道和政府政策（监管）。

规模经济

这指公司大规模生产产品，进而低价卖给客户的能力。没有能力或手段进行大规模生产的竞争者就不能在价格上参与竞争，而只能被迫寻找其他方式使自己在争夺客户的竞争中找到出路。

产品差异化

产品差异化是公司用来赋予产品价值，使其比竞争产品更具识别度的方法或策略。品牌识别是创造价值、阻止新进入者获得客户忠诚度的有力工具。例如，牙膏市场的领军品牌是高露洁和佳洁士。消费者倾向于使用这些牙膏品牌，因此，要想将客户从这两个品牌上吸引出来，就要花费巨额的资金。除了品牌识别外，广告、先发优势（做行业中的第一个）和产品差异都可以培养客户对产品的忠诚度，同时也很容易借此提高进入市场的成本。

资本适足要求

这是进入市场所必需的资金和投资额。它不仅事关上文所说的产品差异化和品牌忠诚度，还对行业中生产产品的基础设施所需的大量金融资源十分重要。例如，电信和航空业都是需要在机械、技术等方面进行巨额投资的行业。

成本劣势

在不考虑规模的情况下，不论是由于科学、技术因素，还是经验因素，有的行业本身就具有较高的学习曲线。在其他情况下，某一行业的公司可能基于历史原因或双方的关系、有利的区位优势或政府补贴的优势能够获得原材料或较低的价格。所有这些因素都会影响后来者创办公司，获得资本或赚取利润的能力。

获得销售渠道

一个行业的原有参与者所建立的关系可能已经经营多年，并能为各方带来利益。而行业的新进入者则面临着建立新关系，甚至创建新的和创新型分销方式的挑战，因为这样才能使它们的产品进入市场，呈现在消费者面前。这可能意味着要运用价格间断、创新型营销和有创意的产品差异化策略。对于服务业而言，这可能意味着要在关系、服务地段或社会地位方面做出牺牲。

例如，有些律师事务所与客户和合伙人建立了关系，这可能是多年人脉和关系经营的结果。各公司或组织间的生意可以向上追溯几代，因而这一领域中新的律师事务所要想吸引新客户，必须更具创意。

政府政策（监管）

政府在许可证、原材料获取的限制、税收甚至环保监察和标准方面对各行业都享有监管权。

替代产品或服务的威胁

替代产品或服务可以是任何具备类似功能的其他产品或服务。太过常见的是，公司总是低估竞争对手，没有意识到竞争对手销售的产品或服务可以替代它自己的产品或服务。许多在"互联网泡沫"时期倒闭的企业都曾有一个错误的认知,那就是"我们没有竞争对手",而实际上总有新的产品或服务来争夺消费者或客户的预算。

替代品的核心在于,虽然它可能不是完全相同的产品和服务,而且其所发挥的功能也不尽相同,但它可以满足同一类客户的需求。例如,糖的价格不可能很高,因为果糖或玉米糖浆等糖的替代品可用于饮料之类的多种消费品的生产。

供应商的议价能力

公司可通过控制产品或服务的质或量来做生意。供应商可通过影响价格,对公司施加影响,阻止其进入新市场或破坏其在新市场运营的能力。

供应商的最终权力源于供应商的特征及其对销售的相对重要性。根据波特的理论,供应商在以下情况下可以发挥更大的影响力(能够影响公司并对公司实现控制):

- 供应商数量少于买方数量;
- 供应商提供的产品独特或有区分度;
- 买方团体规模较小;
- 转换成本高。

转换成本

这类成本出现在客户从一个供货商/产品/服务换成另一个的时候,但这并非适用于每类产品或服务。例如,当从一种除臭剂换为另一种时,客户可能不会承担转换成本。但是,如果一家公司从一家办公软件供应商换为另一家时,成本就会很高,并且会涉及人力资源、时间和培训等其他成本。

客户/买方的议价能力

正如供应商在竞争和商战中有一定的权利一样，客户也有权利。客户可以压低价格，要求更多的服务或更高的质量，甚至还可以使竞争者们相互竞争。与多数情况一样，当买方组成团队时，它们的威力就会变大，并会在以下情况下发挥更大的作用：

- 购买量大。一个绝佳的例子就是沃尔玛或开市客。这类客户不仅购买量大，沃尔玛还可以通过从供应商处大批量购买商品，降低给终端客户的价格。
- 产品区分度不大，买方可选择的产品很多。
- 所购买的产品是供货商生产的产品的主要组成部分。
- 转换成本低。
- 能够预付购买。
- 能够实现后向一体化。

同业竞争者的竞争程度

市场准入门槛、客户/买方的议价能力、供应商的议价能力、替代产品或服务的威胁四个方面促成竞争者之间的竞争。分析这四个方面可以为公司的市场竞争研究提供平台。

竞争优势和竞争基础

公司一旦知道竞争对手是谁及它们都做了什么，就应该认真对它们进行识别和记录。这一过程被称为创造竞争优势。竞争优势可以通过差异化来创造，而差异化则可以通过品牌建设和形象推广来实现。

客户要求购买某一具体品牌的产品，就是差异化的证明。虽然理论很简单，但通过品牌和形象实现差异化远没有听起来那么容易。它是识别公司优势、劣势、局限性和障碍的过程，这之后才能创建通过图标、品牌理念、配色方案和其他要素（能够让人们从视觉或其他方面记住公司的要素）可以识别的品牌。产品或服务的竞争优势还在很大程度上依赖变量，例如产品的精密程度、先前在某一国家或国家的某一地区的产品或服务体验，以及可用的分销渠道的种类。

成本和风险

对于组织而言，形成竞争优势可能需要较高的成本，并可能面临风险。通常情况下，组织可能会制定品牌建设战略，挑战极限，而这会增加时间和金钱上的风险。但是，创造的品牌形象需要足够强大，使客户能够立即做出积极的回应。另外，创造的品牌或形象必须与公司的战略倡议和目标一致。

创造客户感知价值

有两包芝士，它们都由同一个厂家生产：一包在超市的售价是3.5美元，是名牌产品；另一包是比较普通的品牌，在没有商店VIP卡打折之前，售价为2美元。这两包芝士完全相同，区别就是商标不同。但是，上百万美国人都会购买卡夫这一品牌，因为他们相信这一品牌。这就是人们所说的感知价值。客户并不知道这两包芝士产自同一厂家，有相同的成分，甚至很可能是在同一个地方包装的。这两包芝士甚至有可能是用同一辆卡车运到商店的。价值不在于芝士，而在于客户对他所认同的公司的信任。

SWOT分析

对竞争和行业完成评估后，公司就希望进行SWOT分析。SWOT代表竞争优势（strengths）、竞争劣势（weaknesses）、机会（opportunities）和威胁（threats）。优势和劣势属于内部因素，而机会和威胁则属于外部因素。SWOT分析在必要的时候可以是高级别的或十分详细的，以清楚了解并展示公司遇到的挑战和公司在制定战略倡议之后的行动步骤。

为了充分了解公司的竞争对手和竞争环境，公司有必要将自己的SWOT与竞争对手的SWOT进行对比。多数商界领导者希望确保定期进行SWOT分析，而SWOT所需要的信息则来自组织的多个领域和客户本身。

进行竞争分析：从内到外了解竞争对手

了解到自身的优势、劣势、外部机会和威胁之后，重要的是继续进行类似的竞争评估。竞争评估不仅会为战略和竞争目标的制定提供更多的参考，还可以使我们从宏观视角看待公司所处行业的发展趋势和未来。

第1步：认清竞争局势

为了分析竞争局势，我们需要列一份与公司产品或服务产生直接或间接竞争的竞争者名单，它们与公司一样能够满足客户相同的需求。产品或服务可以满足的需求不一定十分明显。例如，就美容院而言，客户需求不是剪发，而是变美、改变心情和提升魅力。

第2步：了解竞争对手的战略

分析竞争对手的战略可以为公司指明当前市场的发展趋势。这有助于公司确定接触客户的途径。

第3步：确定竞争对手的目标

这一步骤又称作确定"竞争的内部平衡"。合理评估竞争对手的关键是了解其价值体系处于哪个位置。因为每位竞争对手都是不同的，所以价值体系中技术、质量、成本、市场份额和使命的重要程度也是不一样的。了解竞争对手的目标有助于公司找到它与其他公司可以区别的点。

第4步：认清竞争对手的SWOT

在这一步骤中，重要的不仅是要像评估自己一样，评估每位竞争对手的优势和劣势，还要搞清楚竞争中可能会出现的机会和威胁。认清竞争对手的优势和劣势，可以使组织确定并评估未来可能对行业和该公司造成影响的举措与倡议；而认清机会和威胁则会让我们了解可能影响竞争局势并进而损害该组织的外部力量的类别。

第5步：预估竞争者的反应模式

有的竞争者对市场上发生的事件反应迅速，而有的竞争者则会采取不同的策略，只对市场上某几类事件有反应。也有一些竞争者比较懒散，反应比较缓慢，还有少量竞争者甚至没有表现出任何反应模式。观察这些行为可以使公司更好地了解公司采取某些措施或贯彻某些倡议时，行业领域会发生什么情况。

第6步：选择对抗和回避的竞争对手

有的竞争者是大型金融集团，一般公司可能在经济上没有能力与它们对抗。有的只是装装门面或摆出姿态，让别人不敢与它们对抗。正是通过这一步，公司才能了解对哪些竞争对手采取对抗战略会产生最大的利润，而回避哪些竞争对手才是上上策。辨识弱小和强劲的竞争对手，可以使组织做出最有成效的决定。

第7步：制作市场定位图

为了能够从视觉上了解整个竞争局势，制作市场定位图，从视觉上体现公司与竞争对手的对应定位是非常实用的。

竞争可以为组织提供展望未来的机会。组织一旦收集到了所有信息，就可以设想竞争对手接下来的举措，如果市场允许，那么它可以采取相同的举措，或者采取不同的做法，在"重要关口"对其进行阻截。例如，家居装饰商店美国家得宝公司和劳氏公司相距也就几分钟的路程，甚至经常隔街对望。一般情况下，一家商店先于另一家决定进入某一地区后，另一家商店就会观望，而后在附近开设店面。竞争会造成紧迫感，并常会提升愿意参与商战的竞争者的销量。一旦知道并了解了公司的竞争对手，那么该公司的下一步是"进一步深入"，发挥竞争情报的作用。

竞争情报：你的竞争对手能为你做什么

竞争情报，又称商业情报，常被视作商界特工007的目标。虽然这里面不会用到侦察机或针孔照相机，但根据竞争情报专业人员协会的定义，竞争情报指：

收集、分析并管理可影响（组织）计划、决定和运营的外部信息的系统性的伦理活动。具体而言，竞争情报是通过利用信息数据库和其他公开来源并经由道德调查，对公司竞争对手能力、弱点和意图的相关信息的合法收集和分析。

换言之，竞争情报是公司的"雷达"。

组织会因为评估竞争对手战略，明确竞争局势或发现并评估行业发展趋势等多种因素而使用竞争情报。它还用于找到之前在竞争分析过程中尚未出现的新机遇。

与市场调研不同，竞争情报更具前瞻性。竞争情报不会被认为是商业间谍行为，因为它是合法的。竞争情报是了解当前竞争环境的系统性和及时性的过程。竞争情报可以使决策者更全面地了解保有组织竞争优势所需做出的决定。

另外，竞争情报非常重要的另一个原因是它既有助于降低风险发生的可能性，也有利于组织避免不必要的或额外的成本。从节约的角度来看，它可以提高收入、节省时间，这也就等于节省成本。竞争情报还可以为创新、产品开发和针对性营销提供情报，帮助它们明确发展趋势，理清事件发展态势并提供新的发现和有洞察力的信息。

因为任何有效的战略营销计划都要求组织仔细记录竞争对手的计划和行动，所以完成竞争情报的方式有很多种。为了找到竞争的相关信息，我们需要找到以下十个明显或不太明显的领域的竞争情报。

- **年报** 了解竞争者如何向上市公司股东公开信息的最显而易见、最简单的方式。
- **新闻稿** 多数公司会发布新闻稿，以此进行公关。通常情况下，公司会将新闻稿发布在网站上。大家最好浏览一下近几个月的新闻稿，以便从宏观上了解竞争对手的战略走向。
- **行业杂志** 行业杂志会提供最新和有深度的行业分析，并对行业发展走向做出预测。
- **供应方/合作伙伴/客户** 另一个稳定的竞争对手情报来源就是供应方、合作伙伴和客户的模式。
- **销售人员** 销售人员往往非常愿意谈有关他们公司的信息，其提供的信息常能为我们了解竞争的走向提供参考。
- **关系网络** 在为公司建立关系网络的过程中，我们可能仅通过观察高层领导参与的活动或事项就能了解到竞争对手的动向。
- **地方、地区和国家新闻常会报道地方私企的活动** 我们可以登录网站，甚至使用搜索引擎查阅相关文章。
- **10K和10Q** 当考虑几年内公司的发展情况时，上市公司的证券交易委员会报告是非常有用的参考。
- **外部调查或专业情报机构** 搜集一家公司情报的最合适的地方莫过于该公司代表受邀发言的场合。这一场合可能是任何专业组织的月度会议或年会。此外，还有许多线上资源在时间和金钱不足时都可以帮助我们搜集情报，例如胡佛公司或邓白氏公司都是很好的例子。

- **互联网** 搜索引擎可以成为珍贵的信息来源。例如，一旦得知竞争对手公司的高级领导团队成员的姓名，我们就可以把姓名输入搜索引擎，由此可获得大量的信息。

小　结

　　营销人员会采取多种方法，吸引客户关注他们的品牌和商品。一个成功的整合营销活动包括通过多种营销组合媒介，向目标受众传递持续一致的信息。广告宣传和促销信息应是一致的并不断重复，以便在客户脑海里形成清晰的形象。理想状态下，这些营销活动会促使客户尝试新产品，替换他们之前喜欢的产品，或购买某一公司或品牌更多的产品。所有营销活动的最终目标就是提高公司产品的销量，并通过赢得市场份额而获利。

　　一个组织的战略目标基于内部和外部知识、见解和深度分析。没有战略规划，投入在项目、活动和职能部门上的资源就可能难以产生利润。为了最大限度利用公司挣的每一分钱，所有职能部门必须协同合作，形成一个运行良好的机制。基于对市场、公司和客户的需求充分理解的营销计划，还应与战略规划直接吻合并为公司提供发展的路线图。这一路线图是指导领导者做出决策，以促进公司持续发展的最重要的工具。

| 第十章 |

沟通和展示

展示可以是在由熟人或同事组成的小型团队面前所做的简短发言，也可以是在一群陌生人面前所做的长篇报告。无论观众或背景如何——是正式的还是不正式的，是小的还是大的，优秀的展示总会让观众感觉充实而有趣，并有意犹未尽之感。好的展示的标志是在展示结束后，观众会向展示者提出有深度的问题并发表有见地的评论。与此相反的是，拙劣的展示则会让观众感到困惑或无聊，并让他们有浪费时间之感。劣质的展示会偏离主题，并有损展示者的声望。

除了长度和形式外，展示的目的还有所不同。展示的主要目的是传递想法和信息，起劝导、指导、激励和娱乐的作用。

不管展示的长度、形式或目的是否相同，展示都是各商业领域一个重要而实用的工具。通常情况下，特定人员只会接到做展示的任务，而在之后的准备过程中则不会收到任何指导和建议，难怪许多人都认为公共演讲是他们最害怕的事情。

展示，还是不展示

如果决定做展示，那么重要的是考虑可以投入的时间，因为准备展示需要花费一定的时间。根据粗略估计，对于一个有效的展示，展示时的每一分钟都需要40～60分钟的准备。在展示之前，你有足够集中的时间来准备吗？此外，展示者还要进一步确定是否对主题有足够的兴趣和知识储备来做一场效果良好、激情四射的展示。如果以上两个问题的答案都是否定的，那么展示者就应该认真考虑拒绝这一任务。

展示前

确定参数

提前了解参数可以阻止不确定事件和意外事件的发生，并可以使展示人为一场有针对性的、内容丰富而有趣的展示做更好的准备。最重要的参数包括话题和主旨、时间、流程、保存方式、观众、空间和提问。有的参数可以在展示前确定，后面的一两项会在展示前一天稍做修改。重要的是要在展示快要开始前再次确定参数，以明确上述变化不会对你的展示造成较大影响。

话题、主旨和时间

展示的话题会是关于什么的呢？展示要传递什么信息和观点呢？要分配多少展示时间呢？虽然花时间准备展示似乎很可怕，但一旦展示过程走上正轨，时长这件事就没有那么烦人了，而且实际上，在展示准备好之前，缩减内容才是最常遇到的挑战。

流　程

会有其他演讲人做展示吗？我所展示的内容会与其他演讲人要展示的东西相似或相反吗？展示的顺序是什么？会议、会谈或参与事项的主题是什么？

记录展示的媒体

在录像机、智能手机和GoPro运动相机方便价廉的数码时代，录制展示视频以供之后观看或对外销售变得相对简单，这同时提供了回顾并批评展示以供之后改善或适应的机会。

观　众

观众的情况对于展示也十分重要。同样是讲解树木，面对从事林业的行政管理人员肯定与面对环保组织成员有明显的区别。要提前对观众做调查。他们的背景是什么？他们对主题了解多少？他们的教育背景在组织或行业中处于什么地位？他们希望从展示中得到什么？他们是期待获得知识、感到有趣或是觉得有挑战性？观众规模有多大？其中会影响到整个会场的反响的群体规模有多大？还有，展示的形式是什么？

地 点

还有一个问题，那就是展示会在哪里举行？这一般由观众多少决定。那里的音响效果怎么样？那里有什么音、视频资源？在当代的展示环境中，现场适用的录音录像技术会因为地点不同而有所差异。大多数展示者会发现他们的展示很容易受到墨菲定律的影响。无论在准备时花费了多少时间和精力，对于展示而言，一旦出现技术问题，其后果就是致命的，甚至会破坏展示的专业性，而这常常是准备最为充分的方面。只要可能，就一定要在展示之前到达会址和会场，提前检查设备——这是避免墨菲定律产生破坏作用的良方。关于展示的实体问题，要考虑的另一因素就是会场的布置和展示者与观众的相对位置。会场是剧场风格，将展示者安排在舞台上或坐成一排排的观众面前？还是研讨会风格，观众坐在排成U型的桌子后？抑或是改良剧场风格，布置了成排的桌子？

提问和回答

通常情况下，展示后的提问很好地体现了展示的质量和吸引人的程度。如果会议安排了展示后提问或讨论的环节，那么是否有主持人掌控这一环节或要由展示者自己主持这一环节？如果有多个展示者，那么是在每个展示过程中进行提问，还是在所有展示完成后进行提问？

目 的

虽然了解话题和主旨对进行一场有效的展示是十分重要的，但知道为何进行展示同样重要。一般来讲，展示有四个常见的目的：

- **劝导**　说服观众同意展示者的观点和方法；
- **指导**　用于分享某一话题的基础信息；
- **激励**　在流程、步骤或指示发生改变的情况下使用，十分有效；
- **娱乐**　一种放松心情的调剂。

以上四种目的常在展示中得到不同程度的体现。重要的是要花时间好好考虑哪个目的对展示最重要，同时对观众是最有效的。为了帮助确定展示的目的，可以问一问观众在看完展示后会做些什么。

进行有效展示的关键

一个成功的展示中最关键的就是眼神交流。有的展示者因为手里有一份演讲稿，眼睛总会紧紧地盯在稿子上，而忽视与观众的眼神交流。非常正式的展示或向媒体发言，才需要展示者严格按照讲稿进行演讲。其他大多数展示都需要采用一种更为自然和独特的方式，要与观众有更多的眼神交流。在这一过程中，我们有必要找出演讲稿中的关键字词，在展示中提示自己并加以强调。

脱稿，使用这些提示词来排练。这些关键字词想要传递什么信息？它们是怎么融入整个展示的？将这些提示词写在手卡上，并练习使用手卡进行展示。努力在脑子中将这些提示词连在一起，并逐渐减少使用手卡的频率。不断练习这一过程。

展示辅助工具

一方面，多种辅助工具都可用于支撑展示的话题、主旨和目的，包括各种数字媒体和电脑制成的高质量的图表。另一方面，劣质的图表不仅不会为展示提供支持，反而会让人们的注意力偏离展示和展示者本身。

这里的一个重要原则就是使用展示辅助工具以支撑展示本身，并加强（而非替代）观众和展示者之间的关系。这些工具可被用于总结或提升展示中某一个点的重要性，而且这些辅助工具应该：

- 与讲稿相互配合，保持一致，要注意辅助工具与展示的话题、主题和目的是否契合；
- 适合观众的规模、类别及进行展示的会场；
- 保证辅助设备在会场的每个地方都能呈现清晰、易读和连贯的内容。

为了防止出现技术问题，展示主办者应确保有一份视觉辅助内容的纸质备份。展示内容的打印版就像一个重要的安全网，保证了众多展示免受技术问题的影响。

使用PPT的目的是什么

技术的进步使得通过视觉接收信息的比率不断上升。尤其自从微软推出的PPT彻底改变了展示的性质以来，这种趋势更加明显。现在，有的人如果在展示中没有看到PPT，就会觉得很惊讶。但是，很多人觉得看PPT展示就像接受牙科的根管治疗一样：黑暗的房间，蓝色背景配白色字体，观众努力保持清醒，试图搞清楚几分钟前屏幕上飞逝而过的信息是什么。

PPT并不是展示必备的部分，但它却是很实用的工具。记住，问题并不是幻灯片本身，而是幻灯片的内容，以及展示者如何使用它们。

一种解决问题的方法是关注基础内容，而不是动画效果、剪贴画、视频和多彩的背景。PPT越复杂，就越有可能喧宾夺主。尽量使幻灯片看起来简洁，一行控制在6个字以内，一张幻灯片控制在5行字以内。另外，一张幻灯片中使用的颜色不要超过3种。

PPT应该用于展现展示者的演讲内容，为接下来的演讲内容提供背景。不要让PPT代替了你的演讲。PPT不是电子提词器。实际上，减少幻灯片上的内容可以为讨论提供特别的空间。

使用PPT时，展示者要确保能够熟练地使用设备，并知道使用PPT的注释功能，写出展示中要说的话。这也能够起到重要的检查功能，确保幻灯片上展示的内容与展示者说的内容是直接相关的。另外，它还能留存较为详细的展示副本，以供之后与他人分享或回顾。

尽量减少展示中所用到的幻灯片数量，越少越好。如果有其他材料需要分享，就将资料发到观众的手中。好的展示者会学着使用B键，将屏幕变黑，让观众的注意力由屏幕回到整个展示最重要的组成部分——展示者。

演讲者的讲台及其用法

讲台常处于讲堂和礼堂的中心位置。如果房间里有讲台，那么它常会像磁铁一样把演讲者吸住，但它并不总是最好的选择。

虽然讲台能给人带来一种权威的感觉并方便展示者放置水杯，但它同时也会成为一种障碍，阻止展示者与观众的沟通。如果有讲台，有会议的召集人，那么问问他们希望展示者在哪里做展示，并考虑观众的规模和特点。如果人数较少，也并非正式场合，那么走下讲台，与观众建立亲密的个人关系不失为一个好主意。如果人数较多，也比较正式，那么展示者站上讲台才是缓解怯场的好方法，如此有助于观众将注意力集中在展示者身上。

演讲服装

展示者可能把全部的重点放在了准备展示上，而对穿什么可能就不那么在意了。实际上，这很重要，而其中最重要的一件事就是选择的服装不能分散听众的注意力，要避免大家从展示者所传递的信息本身偏离。穿着正装、整洁会传递一种专业的感觉。当然还要记得关闭手机。

衣着中的"要"
- 要看起来很职业；
- 要考虑观众、场合和公司文化；
- 要穿得体的衣服；
- 要确保衣服已经熨平；
- 要系上外套的扣子（正式场合）；
- 宁要保守，不要冒险；
- 头发要整齐、干净；
- 衬衣领子和领口设计要简洁；
- 佩戴的手表要正式且简约。

衣着中的"不要"
- 不要过于引人注目，盖过展示者本身；
- 不要不合身；
- 不要有褶皱；
- 发型不要过于杂乱；
- 展示时不要佩戴名牌；
- 款式不要过于杂乱；
- 佩戴的珠宝不要引人注目。

展示后的思考

展示过后，讲稿和视觉辅助工具经常被放在文件夹里，或者被随意地扔在一边，甚至被遗忘在桌子上。是时候继续完成其他工作了。展示者如果需要再做一遍展示，那么常常就是找到文件夹，再用一遍。这种做法是错误的，它浪费了利用展示评估进行改进的珍贵机会，哪怕你不及时回顾做过的展示，也会导致重要的可供学习的内容就此被遗忘了。

如果展示者有幸得到展示的视频录像，那么回头审视展示风格和效果是非常有用的，要多看几遍才能捕捉到展示的动态过程。每次连续地观看都会让你发现值得改善或加强的地方。

小　结

　　对于当今各类公司的领导者来说，展示成为一个重要的工具。他们需要花费越来越多的时间来准备展示，并与同事、客户、投资人及其他利益相关方交流想法。关键是管理人员要将这些展示机会看作实现公司宗旨、完成公司目标的重要一环。

MBA IN A DAY 2.0

WHAT YOU WOULD LEARN AT
TOP-TIER BUSINESS SCHOOLS

(IF YOU ONLY HAD THE TIME!)

第四部分

系统和过程：管理信息系统

第十一章
项目管理

在这一章，我们会探讨由于组织越来越复杂，不断演变并采取了新的理念或生产新的产品和服务，或不断改进而变得越来越重要的一种概念和做法。组织会开设一个项目，作为把资源集中在一个机会或一件事上的一种方式，这样有助于有效地整合各方精力，完成某一目标。在小公司及小规模的业务或交易中，一个项目可能就是安装一个新的会计软件系统，或引入一种新产品或服务。在结构复杂的大公司，多个项目可能会同时运行，部分中层管理人员的职责只是管理一系列短期任务。由于当今组织处于不断变化的环境中，所以项目管理成为一个重要概念和理解并有效实施项目的重要工具。

在项目管理协会看来，所有项目中，失败的项目占比高达74%。这些项目可能是因为流程（项目启动、规划、实施、管控或完结）而失败的，或者是因为项目执行过程（范围、时间成本管理、质量管理、人力资源管理、通信或风险）中某个环节工作不到位而失败的。项目管理涉及各种各样的话题和问题，并被定义为将知识、技能、工具和技巧应用于多种活动，以达到预期目标。

人们可能得出的另一个结论是，许多项目失败是因为没有具备一定能力且经验丰富的项目经理管理整个流程。但是，随着公司认识到项目的成功管理能提高生产力，增加投资回报和利润并改善客户服务水平，这一空白一定会很快被填补上。

但是项目管理并不是新兴事物。项目管理中协调和规划的技巧已经使用了几百年，甚至可以追溯到罗马帝国时期。项目管理一般解决的是相同的基本挑战：不完整的项目说明和范围划定，人力不足，未预见的挑战或不确定的资金。但是，负责管理这几个部分的职责和工作的相关人员的头衔——项目经理——却直到20世纪才获得承认。

项目经理这一角色十分重要的另一个原因是工作地点变更率的增大。项目经理的技能跨越了公司和行业，由于变化很快，所以无论在技术、商业或建筑领域，对项目经理的需求都在不断增加。

人员配置和领导项目团队

对于所有项目参与者而言，重要的是了解项目管理的流程。由于基于项目的变化越来越多，所以每个项目参与者，从兼职团队成员到执行发起人，如果了解项目管理流程的话，就可以更有效地发挥他们的作用。

项目管理团队可能是整个流程中最关键的组成部分。项目经理的职责是激励并引导整个团队完成当前的项目。这可能需要项目经理使用多种管理技巧，以建设一个有高度凝聚力的团队。流程的变化必须得到恰当的管理。管理整个项目的执行，需要对项目成果、目标、时间表、成本和质量进行持续关注。对上述内容的监管，可以使项目经理快速评估团队工作何时偏离了原有计划，以及何时又将团队带回了正轨。

项目经理的任务很繁重。他们必须能够在项目执行的过程中对质量进行界定和监管；必须能够精准地确定人力资源要求，并能够对他们实行管理；必须知道如何利用上文提到的技巧，制订并管理项目规划和成本；必须能与所有利益相关方（高管层、团队成员和客户等）进行有效的沟通；同时还需熟悉供应和合同管理技巧。

为了有效地沟通，项目经理应该从一开始就明确团队责任或任务及任务完成的最后时限。他们需要再次强调与所有利益相关方（项目执行过程中的管理人员和客户）沟通的重要性。在整个过程中应说明所期待的结果并进行有效管理，这样才能绝对最小化意外事件或令人失望的结果出现的可能性。此外，重要的是在项目结束时，所有任务已经妥善地完成了。

项目范围和工作分解结构

接下来，我们开始讨论项目管理包含的用词和流程。项目范围是指将主要项目应得到的成果细分为更小的、更易管理的部分。这一过程常需要工作分解结构。项目范围是以项目成果为导向，对决定项目整体范围的项目组成部分进行分组。工作分解结构就像一个庞大的任务清单，上面列明了成功完成这一项目所要做的事情。它常用于明确对项目范围的统一理解。工作分解结构能够将一个独一无二的大任务（有时是繁杂的任务）转化为较小的、更易管理的任务。

工作分解结构有助于说明项目交付时的状态并明确需要完成的任务。工作分解结构还是帮助监控整个项目流程、确定进度和建立完成项目所需的项目团队的有用工具。它按照整个项目中需要完成的任务的重要性排序，以等级结构列明了需要完成的任务。每项任务都应该十分具体，应将能够完成这一任务的人员的姓名列在旁边。

清单上有的事项是开放式的任务。开放式的任务包括我们熟悉，但没有具体交付标准或交付实体的活动。出现在工作分解结构中的开放式活动是诸如研究、分析或面谈之类的项目，也是列在清单上需要完成，但又需要更多解释的一类任务。开放式活动包括列出数据库等事项，但是它真正的意思是什么呢？是指整理数据库？还是下载数据库？抑或是进行数据库测试？显然，只在清单上写"数据库"一词可能会指许多活动，但其实只是要完成一种活动即可。因此，应该详细地描述需要完成的任务。

工作分解结构应该包括一份针对项目和产出质量的计划。确保有必要的时间来保持足够高的质量，以满足期待。第一次就正确地设计并生成某一产品，其成本要远比项目开展之后再进行修改要低。史蒂夫·麦康奈尔在他所著的《快速软件开发》一书中强调：

如果错误的要求导致的缺陷存在于构建或维护阶段，那么修复它的成本是要求阶段的50～200倍。花费在设计审查等质量保证活动上的每个小时都能为下游活动节省3~10个小时。

产品范围和项目范围有不同的质量标准。产品范围在整个项目流程中是保持不变的，而项目范围会不断变化、发展和扩展。项目强调的可能是服务的创造和实现。如果没有详细的产品说明，那么制定一份产品说明是项目唯一的交付成果。定义项目的局限性是什么（成本、进度、资源或材料等）不会有任何意义，除非产品的详细说明已经完成。这很重要，因为如果项目团队不清楚产品说明，那么他们不会知道构筑或努力完成的是什么。

项目应交付成果和结果

如果已经了解了产品范围，那么重要的就是定义应交付成果。正在生产什么？是产品、服务、一项新的设计，还是解决一个老问题？关键是团队要了解他们正在努力完成什么，这有助于划定界限，并使团队整体关注结果本身。

应交付成果可以是最终应交付成果，也可以是中间应交付成果。最终应交付成果指项目应该交付的最终成果；中间应交付成果指帮助团队达成目标的较小的组成部分。例如，中间应交付成果指建立并描述目标市场，而最终应交付成果指针对某一产品或服务的大众媒体广告宣传活动。

设置项目目标是很重要的。它们可以发挥量化标准的作用，是为了成功完成项目而必须达到的。项目目标应该是具体的、可测量的，这样，它们可以为项目达成共识而奠定基础。可测量这一特性可以提供必要的佐证细节，为某一具体的成果提供强有力的依据。

项目范围管理计划

当了解了产品范围，就应该制订项目范围管理计划。项目范围管理计划确定了要怎样管理项目范围，因此，范围的任何变化会和项目本身融为一体。它还可以对项目范围的预期稳定性做出评估。换言之，它记录了项目创造的产品或服务的特征。项目范围管理计划开始于项目启动，并经过范围计划、范围界定、范围确认和范围更改管控（如果需要的话）这一过程得以推进。

确立范围和设定项目边界

启动阶段包括开始声明范围。范围声明可以为项目设定界限，并随着你深入项目的本质，能够避免范围继续拓宽，这是一个非常普遍的现象。范围声明应尽量清楚地描述项目的主要活动，如果在项目进行过程中需要额外的工作，那么它也可用于该工作的评估。简单来说，它从一开始就详细准确地描述了已约定做的事情是什么。众所周知，项目范围的改变会要求成本、进度和资源预测都进行改变，因为上述设定都是在项目规划和范围界定阶段做出的。此外，范围声明可用于帮助界定项目在大局中的定位。在整个产品的开发过程中，这是澄清该项目与其他项目之间关系的理想位置。

启动阶段的另一考虑就是组织的整体战略规划。所有项目都应该支持组织目标的达成，而具有战略规划则使这一点变为可能。项目的选择标准也是在这一阶段需要澄清的重要内容。这是回顾历史信息、参考之前项目选择和执行结果的好时机。

启动阶段的组成部分包括制定项目任务书。项目任务书包括产品说明和项目针对的商业需求。选定并委派项目经理也应该是初始阶段的成果之一。在这一阶段，重要的还有认清限制项目团队选择的障碍并明确某些设想。这些设想包括在规划阶段认为是真实的、真正的或肯定的因素，以及在项目规划阶段需要接受较为严格的风险分析审查的内容。

范围规划阶段包括范围说明（包括范围划定理由说明、项目产品说明、项目应交付成果、项目目标和支持性细节）。

当重要项目可交付成果划分为更易管理的小部分时，这一阶段叫作范围界定。范围界定阶段，也是工作分解结构设定的阶段。

工作分解结构的范围确认部分是用于确认工作是否已经完成的。应交付标准制定完成，并且能够衡量、考核和测试之后，这一过程就可以实际推行了。一旦确认后，你就可以继续项目的下一个环节。

在正式接受这一范围确认后，就要进行范围更改管控了。在项目开始之后，就有可能发生变化。这一阶段会影响造成范围变化的因素，以确保正在进行的变化是有益的。更改管控系统包括以下几步：

- 承认变动是必须的；
- 审核所有请求的变动；
- 确保任何变动都是有益的；
- 评估所请求的变动的好处；
- 确定可以达到相同目标的替代方案；
- 确定所有会受影响的任务；
- 分析上述影响，以及它们在时间、金钱和范围上是如何影响项目效果的；
- 批准或拒绝该请求；
- 就变动获批一事与利益相关方进行沟通；
- 改变项目效果监控的基线；
- 更新项目范围的划定；
- 实现这一变动；
- 记录这一变化。

关键是在发生变动之前，一切变动都要同客户达成协议，记录在案。该协议不仅应详细地描述需要发生的变化，还要描述变化发生的方式和对整体范围造成的影响。

项目进度的制定

为了进行项目范围等事项的修订，我们需要确定项目进度安排。项目进度的制定需要包括活动说明、活动顺序安排、活动时长预估、进度制定和进度管控。

用于项目进度制定的主要工具有甘特图、关键路径法、计划评估和审查技术。关键路径法、计划评估和审查技术是帮助你制定时间表，管理复杂项目的有力工具。20世纪50年代，它们被开发用于大型国防项目，并从那时开始一直被沿用下来。

甘特图只能让人们直观地看到一个项目涉及的主要活动，它的设置可以让观众看到项目组成部分之间的时间关系。

关键路径法帮助你计划项目中所有必须完成的任务，它是进度和资源规划准备的基础。在管理项目时，这一工具可以帮助你监控迄今为止的项目目标完成情况。如果项目偏离正轨，那么它还可以帮助确定应在哪方面采取补救措施，使项目回归正轨。关键路径法实用的原因有以下三点：

- 明确必须按时完成，才能确保整个项目不会被拖延；
- 在资源需要分配在其他地方以弥补未完成项目的情况下，明确如果有必要，可以推迟的任务；
- 有助于确定完成此项目所需的最短时长。

计划评估和审查技术是关键路径分析的变体，它对每个项目阶段的时间预估略微持怀疑的态度。为了使用这一工具，需要预估每个活动花费的最短时长、最可能的时长及如果活动时长超出预期可能花费的最长时长。

项目进度的制定主要依据的是项目的定义，它会将该项目分解为较小的、更易管理的任务。它还明确了每个项目与其他项目之间的关系。它非常详细地阐释了为了使项目得以完成，需要采取的措施。它利用活动时长和存在的任何外部限制等信息，确定了必要的活动顺序。最终，鉴于劳力、材料和其他材料等已确定的限制条件，项目进度表确保了项目会在截止时间之前完成。

项目预算的制定

下一步就是制定项目预算。项目预算的预估可以通过多种技术方法得出，还可以单纯地基于经验和知识得出，也可以利用复杂的财务模型得出。一旦处于概念阶段的项目获批，进行准确而详细的预估对项目是十分必要的。所制定的成本预估会成为限制项目成本的标准，并可以供客户、管理团队、项目经理和项目管理团队使用。

详细而准确的预算还可以帮助预估所需的项目资金和资金的到账时间。随着项目的推进，成本的相关信息还可用于帮助管控项目，监管进程，发现潜在问题和查找解决方案。

预算的计算并不是难点。其中的诀窍是在支出发生前尽可能准确地得到相关数据。预算数据的搜集是预算过程中最耗时的部分。

在制定预算方面，我们首先要考虑的事情是内部劳务成本。对预算制定程序的最大疏忽可能就是，在项目预算中漏掉对内部成员的成本的考虑。这一成本可通过采用详细的规划模式计算完成工作所需的单个人员的时间来得出。然后使用"已加入附加费用的"人工费率。这一费率通过计算公司的每个员工的平均成本而得出。它包括工资、福利和经常费用的成本。多数公司财务部门都会将这一确定的费率记录在案，因而项目经理没必要进行重复计算。

得到所使用的内部设备的准确成本更为复杂。如果只为了一个项目购买和使用设备，那么显然应该将这一成本纳入预算。如果项目使用的设备会用于多个项目，可使用单位成本这一方法预估某一项目会使用设备的比例。一种方式是将成本分摊在预期使用的时间段上。是否计划5个项目都采用这一设备呢？还是10个或15个？这些预估可为用于预估项目设备的单位成本或计时费率。

外部劳务成本和设备成本通常更易于计算。这是因为承包商已经提前计算出了产品或服务的成本是什么，并提供了针对这一项目的合同。

有时，这些费率是可以商定的。在成本加成合同中，成本和设备的费率会写入合同，而卖方会根据为项目提供的人工、设备和材料列出项目账单。一旦计算出这一数据，就可以将其计入预算的整体成本预估。

我们要考虑的最后部分就是材料成本。材料成本依据项目的不同特点会有很大差别。其范围非常广泛，包括从盖楼所需的材料到开发软件的材料。材料所需的成本在总成本中的比例会有很大不同。材料预估成本中，我们要查看的首个领域是产品规格或服务计划。

一旦确定了项目进度和成本，进行现金流预测就成为可能。请再次注意，一定要意识到预估计入预算的成本是所有项目利益相关方的责任。合作的方式有助于得出更准确的结论，并且能够帮助降低项目的不确定性。

项目风险评估

下一步，就要管理项目风险了。很多项目经理都意识不到管理风险是他们的首要责任，但是他们通常会在不经意间完成这项工作。风险管理是发现、控制并使意外事件的影响最小化的过程。风险管理项目的目标是系统性地降低风险，以提升达到项目目标的可能性。实际上，正如项目经理所知道的，所有的项目管理都是风险管理。正像之前提到的，外部的障碍都会得到评估，并且在项目规划时也会纳入考虑范围。

项目定义会将许多风险管理活动纳入考虑范围，而且会规定项目的目标和局限性。在这一过程中，关键是要发现风险及其产生的原因，之后通过审核潜在风险及其发生的可能性，确定应对风险的措施。

项目规划和门径管理

接下来就是实际的项目规划，它也是实施项目规划和项目通过首道"门径"进行运行的过渡阶段。其间涉及项目中一系列里程碑式的事件。

项目经理现在正逐渐采用这种门径管理方法。门径是指评估项目是否应进入下个阶段时的一系列决策点（关卡）。这一方法将更多的关注点放在了项目成果的可行性上，并且通过尽力促成"快速淘汰"，从而使组织能够在需要的时候以项目为中心对项目进行修改或放弃。这一方法通常可以节省成本，因为实用性是在接受连续的考核，而不是等到整个项目（及预算）都进行完之后再进行考核。

运用门径管理方法时，进入首个关卡也就意味着开始了项目的第二阶段。第一阶段结束且就第一阶段的成功完成达成共识后，项目就可通过该关卡进入第二阶段。第二阶段结束时，项目需要接受"过关或淘汰"的评估，而后才能通过第二个关卡。这一循环会贯穿每个阶段和每个关卡，直到项目完成、更改或被淘汰。

项目总结报告可能是项目管理中最容易被忽视的项目。项目完成时，我们通常愿意让最后的产品为自己说话。但是，我们发现项目总结活动可以为项目经理带来很高的回报。项目总结报告可以让利益相关方感觉到项目完成了，同时，它们还可以提供绝佳的学习机会。这还是对项目参与者进行民意调查、了解他们对整个项目流程的理解方式的好机会。

防止上述学习点在项目结束时同时出现的一个方法就是评估项目流程，这也称为项目管理。成功地管理项目有一部分取决于设定项目绩效评估标准。这些评估标准指当项目完成后，它可以帮助你评估在预定日期前是否完成预想的工作。

小　结

项目管理最简单的理解方式就是规划，而复杂的地方在于要做好它，需要从一开始就深刻理解需要做什么。

虽然项目管理这一方式已经存在了几百年，但学者和项目管理专业人员仍在研究如何改善项目管理。甚至在实际部署项目管理团队后，面对面互动的价值也不会减损。项目需要有良好商业素养和技术素养的领导者与具有合格项目管理专业人员的团队。各种不同的偏好和文化价值观决定了不同的沟通技巧与人际交往技巧。对沟通技巧的认识会影响最终用户和项目的最终结果，所以，你一开始就要搞清楚对象的偏好。对人际交往技巧的认识会影响项目管理的成功和每位团队成员的绩效评估。

| 第十二章 |

管理信息系统

管理信息系统和信息技术是如何对商业产生了如此大的影响呢？大概更好的问法应该是，究竟是信息技术改变了商业，还是商业实际上创造了信息技术？令人惊讶的是，如果我们从历史的角度看待商业，其实它充满了竞争，而非仅仅只有技术：对不断增强的生产力和生产效率的持续关注，使竞争更加激烈，也推动了商业的科技化。

当代管理人员看到了科技在日常运营中所扮演的重要角色。实际上，有的公司已经不再有实体，而是以虚拟的形式存在。虽然从实体公司向电子商务的转变已经越来越平稳，但是科技和管理信息系统在商业方面发挥的重要作用是不可忽视的。在本章中，我们会通过讲解管理信息系统的部署，着重讨论在当代网络环境中和在信息驱动的组织内部，发展和竞争所需的必要组成部分。

管理信息系统可以说是帮助管理人员依据数据进行组织管理并做出决定的工具。简而言之，有效的管理信息系统可以协助沟通。当然，我们都知道团队的成就远比个人要高，协作和交流这些概念虽然稍显古老，但仍是公司高效运营的核心理念。随着人们所使用的软件组合越来越精密复杂，应用工具所采用的硬件和网络系统也越来越精密和强大，管理信息系统力求有效地收集、编排信息并传达给大家。

硬 件

当我们观察别人的办公桌或正在工作的行政人员时，我们会用"计算机硬件"一词描述自己经常看到的工具：计算机、监视器、键盘、鼠标、智能机、扫描仪或打印机。同时还有储存和处理系统中数据的硬件组成部分。

计算机包括从"主机"到智能机的各类计算机。"主机"计算机是主要用于管理批量数据处理的大型设备——它们非常强大，同时也很昂贵。如今，智能机将难以想象的计算能力带到了我们身边。

软 件

硬件的真正能力和功用很大程度上体现在软件的功能上。最基础的软件是操作系统。操作系统执行命令，协调并提供指令，使电脑能够使用其他具有某些功能和目的的应用软件程序，例如创建财务电子表格、报表或模型，准备幻灯片展示或在文字处理程序上撰写文件。具体的应用软件包括微软的Word、PowerPoint和Excel等程序。

由于软、硬件正在不断发生深刻变革，所以任何公司的软、硬件管理都是一个很困难的任务，它需要员工接受关于软件和硬件的专门培训。

CIO的职责

小企业和多数专业机构的规模都不足以配置CIO，但是对于较大型的组织来说，CIO是公司内部负责管理从多种硬件和软件应用中收集的所有信息的人员，并确保信息和沟通能够满足达成公司目标的需求。在职的CIO应确定以下问题的答案。

- 组织是否在最重要的商业倡议中强调了IT的应用？
- 管理信息和股东信息是否做到了完全的准确和真实？
- 组织是否知道加强技术的比重，以确保商业发展的持续性？
- 组织是否在技术支出上获得了最佳回报？
- 公司员工是否有效地使用并管理了信息和技术？

- 组织是否强调了IT在公司创新和学习上的应用?
- 组织是否最大程度地发挥了互联网的潜力?
- 组织是否有合适的IT合伙人?

针对决策的管理信息系统

虽然管理信息系统主要用于通信,但最终目标是使用这些工具做出更好的决定。例如,决策支持系统属于管理信息系统,能够快速提供相关信息,帮助人们选择某种行为。例如,决策支持系统这个工具能够模拟某种情况并基于已知变量预测多种结果。根据完成的航班数量,考虑天气原因和其他不可预见的问题,航空公司的收入是多少?每个航班上有多少乘客?有多少座位是以特定价格售票的?决策支持系统能够考虑多个变量,并基于可能的结果得出多种收入预测。这类工具一开始可能很难理解,但是,从长远来看,与节省的时间和货币资源相比,这类工具是无价的。

网络安全是管理信息系统的重大挑战

正如之前提及的,电子邮件是在当今商业环境中占据稳定位置的极其重要的工具。但是,它也有重大局限性,例如缺乏保护隐私、防盗版和过滤垃圾信息的功能。当今社会不仅面临着由电子邮件带来的隐私或安全风险,而且计算机犯罪、网络恐怖主义和病毒也都会给操作系统造成威胁。

知识产权可能是公司最重要的组成部分,作为无形资产,对它进行保护是极其困难的。正如计算机和软件提供了有效的交流方式一样,它们还提供了获得非计划或非法信息共享的路径,而这是非常难以监控的。

联邦调查局的调查报告展示了令人忧心的调查结果:15%的公司不知道它们的系统在过去的几年中曾经遭受过攻击;而在回答它们的系统曾经受到攻击的公司中,一半以上的公司都未向任何人提起过。

正如街头犯罪有执法人员监管和努力管控之外，计算机犯罪也是如此。员工或圈外人可以在计算程序中更改或创建数据，制造不准确或误导性信息或非法交易记录，或者他们可以输入并传播病毒。

同时，还存在黑客恶意侵入他人电脑的情况：要么为了个人的非法利益，要么为了获取信息，抑或是无聊地为了看看自己能否进入他人的电脑。黑客会使用特洛伊木马病毒进行攻击，这使他们能够躲过探查而掌管计算机，从而导致公民身份信息被窃、跨国洗钱、商业秘密遭窃、拍卖欺诈、网络诈骗和网络勒索等严重后果。

因为病毒常会通过电子邮件传播，所以一定要在打开信息或附件之前知道寄件人是谁，并使用杀毒软件查看文件是否有病毒。

其他计算机犯罪包括实际窃取计算机设备（笔记本电脑和智能机由于体积较小，更容易成为窃取的目标），使用计算机技术伪造货币或其他官方文件（护照、签证和身份证等），或使用计算机技术非法下载或盗取有版权的音乐和电影。既然计算机犯罪的可能性这么大，那么我们可以采取什么防范措施呢？针对这些安全漏洞，美国国土安全局建议采取以下措施：

- 迅速反应；
- 如果不确定该采取何种措施，那么不要停止系统处理过程，也不要窜改文件；
- 使用座机进行联系；
- 联系银行或其他金融组织的事件响应小组；
- 建立与总法律顾问、应急工作人员和执法部门的联系点；
- 找到处理潜在证据的切入点；
- 不要联系犯罪嫌疑人。

另外，关键是要使用复杂的和经常变化的密码、防火墙和加密软件，防止未授权的用户进入你的系统查看数据。

最后，重要的是要备份数据和计算机系统，防止你的系统遭到攻击。备份数据，以求安全的系统和途径有很多种，但是最重要的就是要坚持使用它们。

互联网、内网和外网

随着各公司和营业活动越来越多地使用网络技术和管理信息系统，能将这些工具联系在一起，并为这类有机体、它们创造的信息、使用并受益于这类有机体的人们提供一种相互沟通的手段就变得更加重要。因此，一个组织内的计算机和多个组织的计算机组成促进交流的网络。

计算机网络及其重要性

计算机系统包括硬件和软件，还有网络。局域网能够将位于公司办公室和多个建筑范围内某一实点上的计算机连接到网络上。在指定地点，人们能够共享在该地点建立的系统的软、硬件。

局域网在不断发生变化。如今，无线局域网的应用使我们在不使用网线和硬件连接线的情况下，也可以享受网络设备带来的好处。在决定哪种方式最优之前，考虑一下无线接入点的数量、传输信息或数据的种类、数据传输所需的速度、应用需要的带宽、漫游移动的覆盖范围以及是否易于升级以适应技术进步。

购买时显示的无线局域网连接速度可能不一定是产品的真实速度，因为无线局域网是一个共享媒介，会划分可用的吞度量，而不是像拨号连接一样，给已连接的设备提供专有的网速。这一限制使计算需要多少网速变得比较困难，因此，购买一个可升级的产品是非常重要的。

因为无线网络使用的技术是散布在空中的"广播"数据，它们存在一定的安全问题，所以任何系统必须包括内部安全措施，以确保无线数据不会被"拦截"，或被网络窃贼和侵权者侵入。

假设吞度量是配备无线设备需要考虑的主要问题，你不妨考虑无线局域网最常担负的流量种类，例如电子邮件、网络流量、视频、动画、图表、对网速要求较高的企业资源计划或计算机辅助设计。随着用户离接入点越来越远，网速也会相应地大幅度下降。因而，足够的接入点支持的不仅是用户数量，还有他们所需的网速。

但是，有一点是可以肯定的：随着无线技术的应用，坐在固定的地方，连在墙上固定一点才能接入网络的要求已经过时了。虚拟办公迅速成为遍布全球的企业的组织模式。

管理信息系统的分类

管理信息系统主要分三类：事务处理系统、管理支持系统和办公自动化系统。事务处理系统负责日常事务的处理，它们会收集并整理公司各项活动的运营数据。管理支持系统用于帮助分析收集和整理的数据，并通过预测、生成报告和进行其他种类的分析的形式来帮助做出决议。办公自动化系统有助于使用同一操作系统的人员通过文字处理工具、电子邮件、传真机和其他技术进行交流。

公司如何以有利于自己的方式管理信息技术

管理技术的第一步是评估使用技术的目的。行政管理人员、IT管理人员和利益相关方或用户协作探讨对某一技术方案的具体需求和用法至关重要。描绘信息流、分析信息在组织内部如何从一点传递到另一点十分有用。虽然这一概念本身比较简单，但重要的是明白描绘信息流可以展示技术的功用，并让某一技术方案的内部用户的利益得到统一。

有时，引入与技术应用相关的外部专业知识和视角也是很有帮助的。IT顾问负责帮助组织绘制信息流，并很可能建议你采用以下策略：

- **描述现状** 公司组织示意图是什么样的？谁是系统的客户或用户？谁不是客户，但仍旧使用系统？再深入了解一下上述需求。描述公司内部其他商业单元的潜在客户，并讨论他们具体的信息需求。这有助于更好地理解信息需求目前是否得到了满足。
- **绘制** 这可以使人们直观了解哪些领域会发生重叠，具备资源整合潜力且可使用最佳信息流的新的解决方案。
- **排列解决方案的优先顺序** 这一过程有助于决定哪种解决方案会在使用预算资源的同时，满足绝大多数需求。这一排列过程可通过评估组织内的风险活动进行。
- **制作信息图** 这是信息技术管理过程的最后一步。绘制最终解决方案，展示每个部门和每个提议对信息的需求，可以建立每个组织下属部门的认知，突出最终客户，并为每个参与者提供最终的信息解决推荐方案。

管理信息技术的发展趋势

由于旧式的"遗留"系统的维修成本越来越高，老式电脑总爱崩溃，再加上人们逐渐意识到移动计算的优势，所以新技术进入商界的速度越来越快。通常情况下，随着技术创新逐渐渗透进入市场，电信和储存服务的成本随之下降。

根据迈克尔 J. 米勒的观点，管理信息技术最大的发展机遇存在于网络和"软件即服务"中。他预测现有的网络服务标准可以促进一体化，并使公司将组织内部的现有应用连接在一起，与外部应用相连，创造全新的应用。由于各公司使用的应用数量越来越多，所以米勒还预测：即使像微软或太阳微系统公司这样的软件巨头也是不可能控制整个市场的。

米勒强调了之前探讨的安全问题，认为安全是阻碍该行业持续发展的最大障碍，并且客户和公司需要更妥善地应对安全问题。

管理信息系统的另一趋势是业务流程管理，这催生了大量应用和套装软件的产生。业务流程管理是对技术的应用，发展很快，其根源在于流程的自动化，使人员可以创造更高的生产力。

管理信息系统的人才缺口

最近兴起了技术应用的热潮,并且与其相关的需求之一就是填补可以帮助整合、运营上述信息系统的专业人员的短缺。各家公司发现时刻保持技术领先变得越来越困难。这对于技术人员来说是绝佳的机会,但对于缺少相关人才、难以发挥管理信息系统价值的组织而言,这恰恰是它们的竞争短板。

| 第十三章 |

网络和物联网

虽然将这部分内容放在管理信息系统一章中讨论比较合理，但互联网的重要性需要单列一章来进行讲解，因为它是电子商务的平台，也是世界计算机网络集合互相连通、交换数据，促进全球商业、知识和交流发展的手段。

虽然互联网被许多人看作"新"技术，但它实际上已存在数十年了。互联网刚开始叫作阿帕网，于1969年由美国国防部高级研究计划署开发，作为全美性的计算机网络，即使其中大部分在核战争或自然灾害中被损毁，也仍能继续运行。直到1992年，商业实体才开始向大众提供网络服务，世界自此发生了改变。如今，对互联网的广泛应用已经被人们用"物联网"一词来形容，这意味着几乎公司、组织及其客户和利益相关方之间的每个联系点都可以得益于网络技术和互联网的应用。此外，我们可通过网络连接各种设备，以通过协调而系统的方式交换数据，协调设备和不同地理范围间的活动。想象一下汽车是如何变成"有车轮的计算机"的，它能够向维修汽车的技工提供随车数据，而技工随后通过网络将数据上传至中央信息库，以最终提供可操作的有效维修和服务指南。在客户于修理店下车的同时，定位就会通过邮件发送至客户的朋友处。他可以使用导航系统，找到修理店，接上客户，同时客户也可以随时跟踪朋友开往修理店的行车路径。

互联网对商业的影响

广泛的互联网和电子邮件的应用，彻底改变了公司经营业务和与员工、卖方及客户沟通的方式。通过网上信用卡支付，客户和公司可以便捷地购买电脑和飞机票等产品和服务，甚至不用和客户代表或销售人员交流。许多公司允许客户追踪网上订单的状态，以了解他们的产品是什么时候发出的，以及预计何时到达，同样也不用同客户代表交流。例如，亚马逊和Priceline的商业模式全部围绕线上业务，消除了对耗费成本的实体店的需求。越来越多的客户在线上支付账单，因为他们更放心网上的安全保障，他们不用再支付邮费，为每个账单写支票，使用传统的蜗牛信件的投递方式。如今，越来越多的成年人在网上获得了本科和硕士学位，而不用去实际的课堂上课或是与自己的同学或导师碰面，这些课程的教授都是在线上完成的。很少有公司或组织能脱离于这一技术和创新改革浪潮。

云和"软件即服务"

随着世界的联系越来越紧密，在我们所生活的环境中，互联网和通信服务也变得更加及时和更容易获取。公司可与它们的客户、利益相关方、员工和外部世界进行及时的联系，并且重要的是，这些都可以通过多个设备来得到。

有了当代的智能机技术和宽带网络，神奇的计算能力几乎如影随形，我们可以把这种能力带到办公室、汽车和口袋里。这种超级联通方式彻底重新定义了消费者、个人、企业和政府之间的关系，并且在信息接入和机密数据流方面带来了新的机遇、挑战和风险。

"云"一词指使用互联网共享与储存内容和数据。我们不用购买磁盘上的软件产品，或下载软件的备份，"软件即服务"本身就是基于云的一项服务，卖方提供持续的更新、维护和全天候订购，而不是基于一次性的购买。

云计算，作为实体储存设备和昂贵的内部服务器的替代方案而产生，是读取和分享数据的便捷方式。无论是采取较大的经济规模，还是使用体积较小的智能机，云计算都是数据收集和对技术进行有效修正的解决方案，能更好地适应现代企业对信息读取便宜性的持续要求。云计算根据用法和需求增容的能力给了组织一个不得不改变的理由，它们要将数据从固定地点、固定容量的硬盘服务器转移到基于云的数据存储设备，它可以按需要无缝扩展或缩小。

近来，云计算变得极其普遍，成为人们最为青睐的数据存储和发布方式，因为它提供的数据读取方式的方便程度会让人们想起科幻小说中的故事情节。这种方法成本低廉，非常快捷，并且通过任何端口连接网络都可以随意读取数据，因而成为技术飞速发展的当代社会的必然选择。大范围和高速的数据协作成为全球范围内的标准，而以云为基础的系统可以提供以下便利：

- 可调节容量，容纳工作量的高峰和流量；
- 无须安装硬件或软件；
- 降低了资金成本，因为与应用云计算之前不同，现在的服务器和IT维护是必需的，并且更灵活方便；
- 为组织提供了规模经济的优势，它们不用再投入大量支出购买大型的内部数据库；
- 节省了维护成本；
- 缩短升级大型数据的时间，或者根本就无须升级；
- 快速读取信息。

电子商务的出现

虽然电子商务非常普遍且广受欢迎，但线上交易方式的使用者还是很担忧其带来的挑战。

其中一个主要问题就是客户担心安全问题和个人隐私的问题。客户想要确保他们的个人信息不会因营销目的而卖给其他公司。客户还担心可以追踪个人信息的科技手段的滥用，比如利用他们曾经访问过的网站和购买过的商品，追踪他们的个人信息。对于不在线上购买商品或服务的消费者而言，最大的障碍就是担心网络不安全，害怕他们的信用卡或其他个人信息会被黑客读取。

部分人不愿使用电子商务的另一个原因是病毒的猖獗。虽然过去病毒常通过打开受感染的电子邮件传播，但近来，只要浏览网络就很可能感染病毒。

虽然电子商务会带来诸多挑战，但在线上销售产品还是有很多好处的。对于公司而言，一大优势就是在较低的库存量、客户服务、行政管理、通信成本、订单追踪和公司财务系统一体化方面都可以节省成本。

产品制造商因此而获得的优势就是可以向客户直销，相比使用中间商、中介人或批发分销商，直销可以让制造商享有更大的边际成本。与客户沟通就像轻点鼠标一样简单。在这一平台上，现场促销、限时促销和其他促销手段都可以投入使用，并可以在几分钟或几秒钟之内联系到客户。通过存有客户数据的管理信息系统，组织有机会针对某一具体的客户群体开展低成本、定制程度较高的促销活动。对于客户而言，购物方便快捷、能够货比三家且便于获取信息就是实惠，这极大地扩展了线上购物的客户群体。

利用网络"内部"的力量：搭建成功的内网

网络是联系在一起的全球计算机网络，而内网则是组织内部的安全网络，只能由员工和既有客户通过密码进入。

应用内网的显著优势就是改善了通信。使用内网有助于员工之间知识的共享、相关工作文件的传递和对最新公司新闻的了解，还有助于工作之外进行社交，加强凝聚力。此外，使用内网还可以节省公司在打印、纸张和传播上的成本。它们还可以提高生产力和效率。使用内网的一个例子就是允许客户通过密码读取项目和预算数据、发票和以往的报告。

例如，如果员工名录、福利信息［401（k）、医疗保险等］、假期、即将到来的事件、公司组织结构图和政策发布在内网上，那么员工就可以花费较少的时间搜索文件，或向其他部门的员工询问问题。

员工还可以同时并及时收到新闻和声明的相关信息，而无须等到下个员工大会或团队会议时宣布信息，或通过内部邮箱传递信息。信息的共享会让员工感到他们是组织的重要一分子。由于通信的改善和效率的提高，员工更容易满意自己的工作，并更忠于公司，因而也就提高了员工的保有率和客服水平。特别是在大型、复杂、具有全球影响力的组织中，内网是共享组织内部情报的重要工具。对于组织中某个单元有利的经历、解决方案或客户，通过与其他单元共享，也可以具备重要的价值。组织中某一领域的诸多问题和挑战可能会在另一个领域遇到，并得到解决。所以，基于内网的知识分享是对技术的高效利用，它就像电子布告板或组织自己的"百科全书"一样简单，可以使授权访客更新或查看组织的内网数据库中的关键信息。

内网的使用

为了确保内网的成功使用，内网的信息必须与公司品牌、公司目标和使命保持一致。此外，应部署足够的员工使用该网络，并配置相应资源对它进行改进，同时安排足够的员工对其进行维护和更新。

将内网目标与常规战略规划相结合，有利于确保内网与组织每年的目标保持一致。理想情况下，结合多种用户需求和观点的团队策略会被集中用于复审和更新网络。内网战略制定人员会监督目标的达成情况，跟踪分配到项目上的预算和资源，并确保页面的编排设计采取的是标准程序。

内网的成功不仅依赖于充足的员工、资金和网站内容，还依赖于高管层的投入。如果高管层不能主动支持内网的建设，那么说服他人使用该系统就会非常困难。如果管理人员希望他们的员工使用内网，那么他们必须做出表率。

小　结

　　利用网络和技术的力量是组织成功和未来的重要组成部分。为了在当今的商业环境中保持竞争力，公司必须留住它的员工，加强与客户和员工之间的沟通，提高生产力和效率并减少成本。使用内网并将网络融入战略规划会有助于上述目标的达成。网站还可以通过简化订单、实施追踪和供应方招标程序，提高组织内部的效率。在当今复杂而又充满竞争的世界中，技术可以成为获得竞争优势、降低成本、提高客户满意度与获得长期成功的有力要素。

| 第十四章 |

质量管理体系

数十年来，质量和质量管理体系一直都是商界的热词。许多顾问都围绕这些话题成就了自己的事业，商业上的质量问题决定着新组织，甚至新行业的发展，如美国质量协会和六西格玛咨询。

在商业中，质量这一概念针对的是组织能够在运营过程中避免错误，而且生产的产品和服务都能达到客户要求的最佳质量水平所能实现的成本的节约和额外的收入。错误的形式多种多样——生产零件的数量错误，将银行对账单寄给已经销户的客户，或者将错误的账单寄给客户。这些错误都非常常见，它们造成的成本消耗看似很低，但如果错误不断出现，那么造成的成本消耗就会累积成一个较大的数额。如果这些错误得到修正，那么净收益就可以得到大幅度的提升。

什么是质量

根据美国质量协会，质量一词的定义有以下三种：

- 基于客户对产品或服务设计的理解，以及该设计与原有规格的匹配程度；
- 产品或服务满足已说明或隐含的需求的能力；
- 遵循组织内部制定的要求而得出的成果。

什么是质量管理体系

质量管理体系是一种管理技术，用于与应按规定质量标准生产产品或提供服务的员工进行沟通，并改变员工完成任务和服务的行为。它应该：

- 为员工设定一个构想；
- 为员工制定标准；
- 培养公司内部的积极性；
- 为员工设定目标；
- 帮助抗击组织内部拒绝变革的阻力；
- 帮助引导企业文化。

为什么质量很重要

　　成功，可能就要看组织生产的产品或提供的服务的质量与竞争对手所能提供的产品或服务的质量相比如何体现在价格上有多大竞争优势。在质量是公司成功的关键的情况下，质量管理体系可帮助组织达到并保持当前的质量水平，通过有竞争力的薪酬待遇留住员工并始终采用最新技术。

质量运动的历史

　　早在20世纪50年代，日本公司就看到了在组织中强调质量的好处，并得到了美国人W.爱德华兹·戴明的帮助。他成功地帮助日本公司在质量运动方面占得了巨大的先机。他的方法包括统计过程控制和问题解决技巧。组织可以通过获得问题解决技巧来获取提供高质量的产品和服务所需的动力。

　　戴明认为85%的质量问题都是管理上的缺陷。为了改善质量问题，管理要起带头作用，并配置必要的资源和系统。例如，当买方没有获得必要的工具以了解产品和服务的质量要求时，他们是不可能获得质量一致的原材料的。

　　买方需要全面了解如何评估所有采购产品和服务的质量，清楚质量要求并能够将这些要求传达给卖方。在管理良好的质量体系中，买方还应与卖方紧密合作，并帮助他们满足或超过所要求的质量规定。

根据戴明的观点，质量管理体系需要解决两种不同的流程改进概念：普遍（系统性）错误原因和特殊错误原因。普遍错误原因是许多员工、机器或产品共有的错误。特殊错误原因与员工或设备个体相关。普遍错误原因包括劣质的产品或服务设计、不适合功用的材料、不恰当的提货单和糟糕的物质条件。特殊错误原因包括缺乏培训或技能、大量的劣质原材料或出现事故的设备。

在质量控制的发展过程中，另一个具有影响力的人是约瑟夫·M.朱兰。他像戴明一样，在专注于提高质量的日本企业中工作时成名。朱兰在1979年成立了朱兰学会，其核心目标就是帮助企业提高其产品和服务的质量。

朱兰将质量定义为"适合使用"，它指购买产品或服务的用户在其所有时间段内都可以放心地依赖该产品或服务，而不用担心其存在任何缺陷。如果确实是这样，那么该产品可被划分为适合使用。朱兰的"适合使用"理念涵盖了设计品质、一致性品质、可用性、安全性和现场使用五个方面。

设计品质指可以将Yugo汽车与梅赛德斯-奔驰进行区分的内容，包括设计概念和具体说明。产品或服务的质量与其设计和意图一样重要。因此，重要的是，要将质量问题纳入设计环节，并记住：在设计阶段可能会在复制同等质量水平的产品或服务方面遇到困难。

一致性品质反映在按照设计方案中同等的质量水平复制产品或服务的每一方面。首要的一点是，担负这一责任的是开发复制流程的员工，而后是公司全体员工，对他们的培训、监管及对协议的遵守要确保一致性和合规性。

可用性指产品在使用过程中没有出现破坏性问题。可用性可通过缺陷发生的频次和可能性衡量。例如，如果生产流程没有稳定的电流，那么可能会导致零件受损；或者当一位员工同时完成两项工作时，会被迫在两项产品或服务的质量上做出妥协。

安全性被朱兰描述为计算由产品危害造成的损伤风险。例如，即使产品或服务满足或超过了所有质量标准和预期，如果有使用不当造成他人受伤的可能性，那么该产品不会被认定为优质产品。

现场使用指产品以符合要求的质量水平影响最终用户的能力。这包括包装、运输、储存、现场服务能力和及时性。

朱兰还开发了质量监管的综合方式，它覆盖了产品或服务从设计到客户关系及之间所有步骤的整个生命周期。朱兰宣扬一个组织应该从质量的角度分解所有过程和程序，并以"适合使用"为目标进行分析。在这一过程完成后，组织可以开始基于"适合使用"这一模型，做出改变。

质量革命传到美国

紧随日本制造商的步伐，推动质量提高的这一浪潮在20世纪80年代传到了美国制造企业界。日本公司发现较美国公司而言，它们能够生产更为优质、残次率更低的产品，因而拥有明显的竞争优势。

福特汽车是第一个"吃螃蟹"的，最先邀请戴明帮助改造公司并成为质量至上的组织。因此，较其他任何美国汽车生产商，福特公司能够达到更高的质量标准，并且甚至在美国机动车市场普遍低迷的情况下，于20世纪80年代实现了销量的大幅度增长。福特将其金牛座品牌的汽车年销量超过本田雅阁，归功于公司设立的较高的质量标准。

美国国会看到了美国公司急需提高质量的需求，因而模仿日本的戴明奖设立了美国马尔科姆·波多里奇国家质量奖。这促使美国公司在质量改善上的资源分配大幅度增加。仅用了10年，一家美国公司就获得了日本戴明奖。

自20世纪80年代初到21世纪，质量这一议题深入美国每个行业和几乎每个组织。质量运动开始于制造业，之后扩展到服务业。刚开始时，服务组织并未感到质量管理体系会如此轻易地从制造业成功过渡，但如今，服务公司已从实施质量管理体系上得到了巨大回报。

在质量运动的历史上，出现了多种质量提高措施，甚至部分组织的发展就只关注设定质量标准这一方面。

标准化系统

ISO 9000 是国际标准化组织制定的一套质量管理体系标准，是 132 份标准主题的总和。ISO 9000 质量管理体系标准不是针对具体产品或服务的，而是适用于创造产品或服务的过程。上述标准具有一般性，所以它们可以供世界各地的制造业和服务业使用。

想要得到国际标准化组织认证的组织需要符合国际标准化组织标准规定的所有条件，并通过国际标准化组织审核员的详细审核。在有的行业，国际标准化组织认证已经成为必要条件。例如，有的大型制造商要求所有供货商都要获得国际标准化组织认证。虽然国际标准化组织认证广受认可，但是如果它不是行业趋势，那么认证产生的额外费用就会让多数管理人员望而却步。在组织内部配备规划良好的质量管理体系，无须额外经过国际标准化组织认证的所有步骤，也是很有可能达到预期质量水平的。

全面质量管理

全面质量管理是在公司和组织的各方面加强质量管理的途径。它的目标在于确保优质产品和服务的长期发展。全面质量管理分解了每项工艺或活动，并强调每一部分都会增强或减损组织整体的品质和生产力。

管理在全面质量管理中的作用是制定适应每个部门的灵活的质量战略，并保证其与组织商业目标一致，且基于客户和利益相关方的需求。一旦确定了战略，就必须确保有实施动力，并在组织各级别进行有效传达。

全面质量管理战略还包括一定程度的员工赋权，并且通常还需要设立部门和跨职能团队，制定多个战略，解决质量问题并提出改善建议。

持续质量改进

　　作为质量和质量管理体系的一种不同的管理途径，持续质量改进出现在制造业。它针对的不是营造一种企业质量文化，而是提升质量的过程。期间，要设置团队或小组，并在达到目标和质量水平时给予其奖励。持续质量改进使参与日常运营的个人得以按照他们认为合适的状态改进或改变工艺和工作流程。

　　持续质量改进的实施试图建立一个永远不会得到满足的质量管理体系，它促进持续创新，通过减少耗时、低附加值的活动改进工作流程和体系。节约的时间和资源可用于规划和协调。

　　持续质量改进已经适用于多个行业。例如，在医疗卫生领域和其他服务领域，它们采用了名为FOCUS-PDCA（下列各词语的英文首字母的组合）的工作流程，具体工作步骤如下：

- 找到（find）需要改进的流程；
- 组织（organize）改进；
- 澄清（clarify）已知信息；
- 理解（understand）产生的变化；
- 选择（select）一种流程改进方法。

然后实施流程改进计划：

- 计划（plan）——创建时间线，包括所有资源、活动、日期和员工培训；
- 实施（do）——实施计划，收集数据；
- 审核（check）——分析计划实施的结果；
- 采取行动（act）——根据已知信息，确定之后的措施。

　　FOCUS-PDCA是一个能够与团队进行沟通的简单的管理系统。它有助于维持团队的组织性并确保团队不脱离正轨，时刻牢记最终结果。这一体系对于持续质量改进团队方法而言十分成功。

六西格玛

六西格玛是摩托罗拉公司于20世纪80年代提出的。它是衡量和改进大宗产品生产过程的方法。其总目标是通过努力拿到近乎完美的结果，评估废品率并尽力消除废品。六西格玛一词是指每100万件产品中，仅有不超过3.4件的残次品。包括通用电气公司、福特汽车公司和戴姆勒·克莱斯勒公司在内的多家公司都用六西格玛这一方法为公司节省了数十亿美元。

六西格玛是一种数据型流程改进方式，它的使用包括统计过程控制、全面质量管理和试验设计。它可与其他的重要倡议活动和体系协调使用，例如新产品开发、物料需求计划、准时制库存控制。

六西格玛最初的体系仅能用于制造过程，但最近，它在非制造领域也非常成功，例如应付款项、账单、营销和信息系统。

乍一看，六西格玛可能看起来太过程式化，不能有效地分析制造领域的非标准和重复性工艺。但是，六西格玛理论足够灵活，能够适应任何工艺。此外，生产线上得到的许多教训也可用于其他工艺。六西格玛程序包括以下步骤，在公司将工艺流程分解为若干步骤后就可以：

- 找到缺陷；
- 确定缺陷的数量；
- 查找根源；
- 实施改进措施；
- 再评估；
- 用长远的眼光看待目标。

质量管理体系的组成部分

质量管理体系有若干组成部分,并且每个组织体系都是独特的。质量管理体系最重要的组成部分包括参与管理、质量管理体系设计、客户、采购、教育和培训、统计、审计和技术。

参与管理

整个质量流程一旦开始,就会成为组织不断推进的动态组成部分,就像营销或会计等其他任何部门一样。它还需要管理层的持续关注。实施并管理成功的质量管理体系涉及的很多不同方面都需要持续关注。

愿景和价值观

管理和领导过程的起点在于形成限定清晰的愿景和价值观说明。无论组织是否计划超出客户预期,或致力于达成某一明确程度的客户满意度或致力于零缺陷,愿景和价值观说明都会被用于论证质量管理体系的重要性并为所需要的变革提供动力。与愿景和价值观说明的形式相比,清晰表达内容并使所有人理解更为重要。这一说明将会成为帮助营造企业文化的驱动力量,而文化是质量管理运动中贯穿组织上下的重要一环。并不是愿景和价值观说明的用词产生了优质产品和服务,而是人和工艺决定了质量是否会有变化。这一说明的作用巨大,它有助于为所有用于质量管理体系的其他流程安排日程。

设置计划

每个组织的质量管理体系计划都有所不同,但具备相似的特征:

- 清晰、可衡量的目标;
- 提高质量可用的金融资源;
- 与组织愿景和价值观保持一致。

质量管理体系计划还可能包括若干试点计划，需要在组织内部设立小型的质量项目。这会使管理层理解质量管理体系的受欢迎程度，从错误中吸取经验，并更有信心推广覆盖组织整体的质量管理体系。

正如上文所说，最成功的质量管理体系会允许各级员工参与其中，因而该计划应为员工赋权提供一定程度的灵活性。

沟　通

改变，特别是向更高质量的提升，给有效沟通带来了挑战，然而，沟通的过程对公司领导者推动企业发展至关重要。沟通是管理层、员工、客户和利益相关方之间最重要的联系环节。这些沟通建立的联系还在所有相关的个人之间建立了一种同志般的情谊，并有助于维持持久的驱动力，以成功完成长期质量目标。

沟通体系还必须允许员工提供反馈，为公司必须面临的问题提供可能的解决方案。管理层需要以正式和非正式的方式提供这一途径，例如员工反馈纸条和反馈圆桌会议。

营造一种重视沟通的文化的责任在于高层领导。他们要确保目标传达给所有人，也要负责建立反馈体系，接受来自员工的反馈信息。

奖励和认可

对质量成就的奖励、酬谢和认可是激励员工的非常有效的方式。他们明确告知员工管理层最终想要实现什么目标。奖励、报酬和认可也可被视为一种沟通形式——它们是高层领导让员工了解质量至关重要的方法，具体形式可以是个人奖励或团队奖励。

奖励、酬谢和认可的形式有很多种，而且需要领导层确保这一计划与质量管理体系和该组织的目标一致。各组织已发现成本效益最高和最优的计划都要满足具体的标准。这些计划激励了管理人员，而管理人员转而能够激励他们的员工为预先设定的目标而努力。

质量管理体系设计

　　质量管理体系由标准和程序组成，它们的设置是为了确保产品或服务的每个方面都能够达到预期的质量水平。质量管理体系的这一部分非常具体，并且能够衡量和管理。在开始之前，组织应该建立一个核心团队，推动绩效评估体系设计过程的进行。设计过程包括以下八个步骤。

- 理解并规划所有商业结构和流程。这使参与设计绩效评估体系的员工必须全面考虑并了解整个组织及其竞争地位、运营环境和商业流程。它使人们彻底了解了客户的触点，以及组织不同的运营方式如何影响客户对质量的理解。
- 设立公司绩效的优先事项。绩效评估体系应该在从制造组织战略到商业流程的整个过程中，支持利益相关方的要求。在整个过程进入实际设计阶段之前，公司必须设置好这一优先顺序。
- 了解当前的绩效评估体系。每个组织都有某种评估体系。因此，设计并实施新的绩效评估体系基本上有两种方式：废除旧体系，引入新体系作为替代；重新开发一种可行的体系。两种方式都可以，但是第一种方式更容易出现问题。人们会习惯使用旧的评估体系，并且同时使用两种体系；或使用旧体系，对新体系只是走过场，并不真正采用。组织可采取第二种方式，以避免问题的出现。
- 设置绩效指标。绩效评估体系最重要的组成部分是用于评估组织绩效和流程的一整套业绩指标。这也是设计过程中由上到下的设计方式与由下到上的设计方式的重合点，还是需要广大员工参与其中的考评环节。这一步的目标是为绩效评估体系设置数量适当、准确且相关的绩效指标。
- 决定如何收集所需要的数据。设置完美的绩效指标反映组织的发展状况是一回事，能够收集到计算上述绩效指标所需的数据又是另一回事。这一问题必须在设置绩效指标时就得到初步解决，以避免选择那些实际上不能评估的指标。虽然我们需要在耗费成本和时间与收集数据的收益之间进行权衡，但是我们还是可以找到介于完美数据/高成本和无数据/无成本之间的中间地带的。
- 设计报告和绩效数据展示的形式。在这一步中，确定如何向用户展示绩效数据；用户应该如何采取绩效数据进行管理、监控和改进；谁可以读取绩效数据。完成后，组织所建立的绩效评估体系应该在以评估为基础的管理体系中占据稳定的地位。
- 测试并调整绩效评估体系。首次针对绩效评估体系的尝试很可能并不完美，评估过程中肯定会出现未起到预期效果的绩效指标、相互矛盾的指标、不良行为和数据读取问题。这些是一定会出现的问题。在此步骤中，要广泛测试这一体系，并调整未按计划发挥作用的要素。
- 实施绩效评估体系。这就到了将体系投入使用这一步。这也是体系正式就位、每个人都能开始使用的时候。这一步包括管理用户访问、培训和示范操作该评估体系。

这并不是一个需要十分严格遵守才能产生效用的设计过程。在有些情况下，一个或多个步骤可能是不必要的；在其他情况下，可能还需要其他步骤。这需要组织领导层对程序进行必要的调整，以便尽可能使质量管理体系获得成功，达到预期目标。

设计质量管理体系的第二部分

质量管理体系的这一部分是概念性的。增强顺利实施第一部分的动力和决心多是管理层的职责。它的根源在于之前提到的管理层和员工之间的沟通。在多数情况下，实施这类活动和程序的员工知道如何提高质量。体系的这部分应该允许员工提出建议，并激励他们提高质量的意愿。

客　户

将客户纳入质量管理体系的途径有很多种，包括纳入失去客户的成本、客户对质量的看法及客户的满意度。质量管理体系中的客户这一部分对每一行业和组织都是独一无二的，但它必须反映出质量是如何在客户的价值体系中起作用的，以及质量如何促进客户做出购买决定。

特别是在服务行业，质量是以客户保持率和失去一个客户的成本来衡量的。如果一般的会计计量方法能够反映失去一个客户的确切成本，那么管理人员就会很容易分配保留客户所需资源的准确数量。根据《哈佛商业评论》所述，组织保留超过5%的客户，利润可以增长几乎100%。随着时间的流逝，客户坚持与同一公司合作的时间越长，公司就会因此而获得越多的利润。

客户一旦接受了商品或服务的品质，就会将其推荐给别人。在服务业，推荐相当于60%以上的新业务。如果公司能够通过提高质量来增加推荐数量，那么其利润就会受到非常显著的利好影响。

采　购

通过实施围绕质量设计的若干政策和程序，采购可以使组织在质量方面获得巨大的好处。如今的供货商需要配合质量行动的实施。一家公司产品或服务的优劣取决于所有投入的结合。

形成质量管理体系和与整个质量管理体系相匹配的第一步是符合所有进料标准，使所有进料成为供日常生产服务或经营活动使用的合格材料。如果质量管理体系的绩效标准和步骤已经按照设计阶段所规定的完成，那么这些标准应该已经得到确立。

第二步就是让采购人员明白标准对组织的工艺流程的重要程度。如果没有秉持标准，那么产品或服务的质量就会受到破坏。组织还应让员工理解如何评估并传达组织所规定的标准。这可能包括材料或统计过程控制方面的教育，它甚至可以和交叉培训采购人员一样简单，这样他们就可以准确了解投入的材料是如何与组织要求相匹配的。采购人员一旦了解产品是如何使用的，以及可能发生什么问题，就更有可能采购到满足所有规格的材料。

第一步和第二步完成后，采购部有责任将要求传达给供货商，并要求它们为质量负责。这并不总是一个简单的任务，可能会需要寻找新的供货商，或与当前供货商合作制定更高的质量标准。

教育和培训

为了达到更高的质量标准而对员工进行的培训有很多不同的方面。例如，管理层的质量教育会与普通员工的质量教育不同，因为他们在生产过程中扮演不同的角色。

因为多数质量问题可以追溯到高层，所以教育也应该从高层开始。有关质量问题的管理层教育应该从讨论质量体系和管理层在质量计划中发挥的作用开始。

就总体情况而言，管理层必须了解质量运动的历史，谁曾是主要的参与者，以及质量计划如何影响了商界。具体而言，管理人员必须了解质量管理体系过去如何影响了他们的行业，而且他们应该明白质量管理体系在行业的未来发展中扮演什么角色。

管理层还必须了解质量管理的最新动向。对管理层在质量管理体系中必须发挥的作用进行讨论，是针对他们的教育内容中最重要的一方面。管理层必须清楚员工如何看待他们的作为和不作为，个体行为和工作如何影响质量，以及管理层重视质量的意义。管理人员必须明白没有强有力的领导和对质量的重视，质量管理体系将会没有任何意义可言。

对员工的质量管理教育包括该体系会如何影响日常工作的讨论，还应简单介绍质量和为确保产出所需使用的工具，以及员工的工作如何促进组织整体质量目标的达成。

数据分析和统计

数据分析是质量管理体系的重要方面。它可被视为质量提升过程的重要基石，并与质量管理体系的审计紧密相连。在管理领域，人们常说的一句话，恰好也与质量息息相关："你无法管理你无法衡量的东西"。而数据分析能够提供做管理决定所必需的衡量数据。统计是戴明用来区分普遍原因和特殊原因的重要工具，而全面质量管理的关键就是统计过程控制。

审 计

审计同质量管理体系的其他方面一样重要。这一审计过程使得参与其中的每个人都能看到质量管理体系是否运行正确，目标是否正在达成。审计还在激励员工方面发挥着重要作用，它将报酬、奖励措施及可能的薪资计划都纳入考虑范围。

质量管理体系的审计形式多种多样，并且每个组织都有适合其质量管理体系的独特的审计程序。服务行业与制造业的审计系统就截然不同，但审计的最终结果却是相同的。服务行业使用的审计系统的部分方式包括神秘客户、客户调查和服务质量。

神秘客户

这多用于零售商店和个人服务的质量评估。匿名的客户会被派往零售商店、饭店、医疗组织或美发店等与员工互动，评估整体服务质量并向管理层汇报。这一活动会定期进行，并针对每个员工生成一份报告。

客户调查

作为一种手段，客户调查现在常用于发现客户如何看待一家公司。这类调查可以以邮寄表格或简易表格的形式进行，客户可以在购买商品或服务时完成，也可以在线上完成表格填写。或者，商店甚至可以安排一名销售人员或工作人员邀请客户在结束购买时为产品或服务打分。从客户处直接获得回馈是非常重要的，在每个组织中都应以某种形式进行这类调查。

服务质量

　　服务行业的质量近来成为大家关注的重心，而且启动具体质量管理计划的服务组织得到的好处是十分巨大的。服务组织建设质量管理体系的根基就是积极衡量并管理服务业的质量水平。

　　许多服务组织都知道冰山理论。就像冰山一样，只有一小部分危险是可见的，平均下来，对服务组织而言，在不满意其服务水平的客户中，90%以上都是服务组织所不知道的，而他们所造成的损失会变得越来越让人忧心。

- 每接到一个合理投诉，就意味着超过20位客户会感到他们遇到了问题，而这些问题中，至少有25%的问题已经严重到需要调查。
- 在进行投诉的客户中，超过一半的客户会在投诉得到处理和解决的情况下再次选择与该公司做生意。如果投诉解决迅速，并且客户感到该公司关心自己，那么这一数字就会上升至接近100%。
- 如果投诉未解决，那么通常情况下，客户就会将他的这一负面经历告诉8个以上的人。但是，如果投诉得到解决，这一经历就会转变为积极经历，那么该数字会下降至5个人。
- 平均下来，得到一个新的客户的成本要比保留一个现有客户的成本高6倍。

　　服务行业的质量为何会对利润有如此巨大的影响力是很容易理解的。设计良好且执行到位的质量管理体系是提供符合客户预期的服务质量的关键。

第十四章　质量管理体系

小　结

　　质量运动和质量管理体系在过去的几十年间有许多不同的名字。乍一看，它可能看起来像一个转瞬即逝的商业管理趋势。随着竞争强度和消费者期待的日益提高，专业人员和商业管理人员无法忽视质量问题，并且希望保持或提高他们的竞争地位。质量管理体系使每一个行业的公司的利润都有了大幅度提升，并为组织提供了它们所需的推动力，以达到总目标。组织如果不接受"质量提升应贯穿公司的方方面面"这一理念，就不可能存活下来，更不可能看到未来的发展成果。